生态文明背景下农业水权法律保障研究

◎郭莉 著

江苏省青蓝工程
徐州市拔尖人才
徐州工程学院高层次人才
徐州工程学院学术著作出版基金 资助出版

中国矿业大学出版社

图书在版编目(CIP)数据

生态文明背景下农业水权法律保障研究 / 郭莉著.
—徐州：中国矿业大学出版社，2018.9
ISBN 978-7-5646-4108-5

Ⅰ.①生… Ⅱ.①郭… Ⅲ.①农村—水资源管理—水法—研究—中国 Ⅳ.①D922.664

中国版本图书馆 CIP 数据核字(2018)第 201696 号

书　　名　生态文明背景下农业水权法律保障研究
著　　者　郭　莉
责任编辑　周　丽
出版发行　中国矿业大学出版社有限责任公司
（江苏省徐州市解放南路　邮编 221008）
营销热线　(0516)83885307　83884995
出版服务　(0516)83884895　83884920
网　　址　http://www.cumtp.com　**E-mail**：cumtpvip@cumtp.com
印　　刷　江苏凤凰数码印务有限公司
开　　本　787×1092　1/16　**印张** 10.25　**字数** 190 千字
版次印次　2018 年 9 月第 1 版　2018 年 9 月第 1 次印刷
定　　价　36.00 元

前　言

水是人类生存和发展的重要物质资料。随着社会的发展和人口的剧增，水的需求与供给之间的矛盾日益突出。世界各国都把水资源的开发利用和保护放在优先地位。在我国，水资源的短缺已成为制约我国经济发展的瓶颈。目前我国水资源的污染和破坏非常严重，水质型缺水和水量型缺水现象并存，水事纠纷不断发生，严重地影响了社会秩序的稳定。为规范人们开发、利用水资源的行为，必须构建一套科学合理的水权制度。

从世界各国来看，水权制度的兴起和发展是一个必然的趋势，其在水资源配置中的作用也日益扩大。水权制度适应了现代市场经济和可持续发展理论的需要，其所蕴含的效率、平等、合作等人文主义理念，在一定意义上代表了水资源配置管理体制的发展方向。此外，水权制度在提高水资源的优化配置，实现节水激励方面具有其他水资源配置管理制度所不可替代的品质和功能。随着我国相关水权理论探讨的逐步深入，水权理论的具体细化和实践操作成为人们关注的焦点，其中，农业水权制度是近年来倍受国家重视。农业水权配置是水权这一重要制度的基本构成部分，因此有必要从理论上加以明确。法学作为一种回应型学科，它的研究应当关注中国现实问题的解决，更应为农业水权配置予以保障。

党的十八大报告把生态文明建设摆在总体布局的高度来论述，《中共中央关于全面深化改革若干重大问题的决定》进一步提出加快建立生态文明制度。党的十九大报告指出："建设生态文明是中华民族永续发展的千年大计。"生态文明建设，为水权制度建设带来了新的契机——理念的更新，发展路径的拓展。生态文明建设依靠制度先行，作为保障生态文明建设的专业部门，法律应该着力于制度创新，农业水权的法律保障在水资源领域承载着应对环境危机的历史使命。法律的正义追求以实现人与自然的和谐共处为终极目的，这同时也是生态文明建设的题中应有之义。

本书从中国农业水权的特点出发，综合运用法学、经济学、管理学等学科知识，采用价值分析法、系统分析法和实证分析等多种研究方法，并以乌江流域水权体系中的农业水权配置为对象，为我国农业水权配置及其法律保障制度提出了建设性的建议，并以“对话—制约—共信”为一平台，设计农业水权配置的程序框架，即保障权利、制约权力、促进权力与权利的对话并由此达成二者之间共信的良性互动的模式。主要研究工作如下：

(1) 在考察中外水权制度的过程中，在兼收并蓄的基础上对农业水权配置进行了系统的论述，分析了农业水权配置的模式，并得出结论。

(2) 在厘清农业水权配置的基础上，提出建立相关法律制度加以保障，并对农业水权配置的实体属性进行了揭示。

(3) 以“对话——制约——共信”为一互动平台，借用法律程序的思想，设计了农业水权配置的法律保障运行模式，与农业水资源配置这一制度互为表里、相辅相成，这是本书的重要创新点。

(4) 拓展了法律的研究领域和空间，使之在内容上更为丰富。本书将法律保障制度运用于乌江流域农业水权建设中，为实例研究提出了建设性的意见，为完善农业水权制度建设提供了有益的参考。

目　录

1　通往生态文明的农业水权法律保障制度

生态文明建设已经成为关乎人类未来生存与发展的全球性课题。作为现代化尚需深入推进的发展中国家，中国生态文明建设面临着十分严峻的形势。中国要在生态文明建设上有所作为，应当从具体国情出发，主动顺应时代潮流，在广泛吸取西方生态建设成果的基础上，充分发掘中国传统生态智慧，努力探索中国生态文明建设的可能道路，为中国经济社会的可持续发展和人类文明作出应有的贡献。

1.1　中国的生态智慧

1.1.1　天人合一：中国传统文化中生态文明思想的核心

天人合一是中国传统思想的最基本的特征。中国传统思想的各个方面、层次、论证的方法与过程无不鲜明地打上了“天人合一”的烙印。它是中国传统中最深层的观念，不论在哲学之始——《周易》中，还是在先秦诸子百家思想中，都表现出巨大的作用。天人合一是中国生态伦理思想中的核心思想。

天人合一，包括不同层次的内容，不同流派对此的理解也不尽相同，道家更看重自然的一面，儒家则更看重人文的一面，但是这一理念的基本含义则是人与自然的内在统一①。“天”是自然界的总称，但也有其超越的一面。“天”有两种意义：一是指大自然、自然界，也就是“形而下者”，是物质层面；另一层意义是指人从大自然领悟出的一些规律与道理，即所谓天道、天德，是“形而上者”，即超越层面。人，是自然界的产物，也是自然界的一部分，不

① 文志华：《“天人合一”的哲学思想与可持续发展的设计观》，重庆大学硕士学位论文，2011年。

是凌驾于自然界之上的主宰者。人以其文化创造为主体，能“为天地立心、为生民立命”，是以实现人与自然和谐统一为目的的德性主体。自然界为人类的生存发展提供了一切资源和条件，但更为重要的是，它赋予人以内在德性和神圣使命，所谓“三才者，天地人”，人要在实践中实现生命的最高价值——“与天地合其德”，而不是满足不断膨胀的物质欲望。①

“天人合一”是中国传统生态伦理思想的核心思想。尽管儒、道、佛在一些观点和看法上有所差异，但它们都主张“天人合一”，把“天人合一”作为处理天人关系的最高准则和理想目标。结合各个流派思想家的观点，我们可以了解、分析“天人合一”思想的一些基本内容。“天人合一”主要体现在以下几方面。

首先，天人合德。儒家的天人之学认为，人道即天道，人的本质就是天的本质，这个本质就是仁义道德，故儒家的天人之学建立在道德本体论之上。《周易·乾卦》载：“夫‘大人’者，与天地合其德。”在这里，天人合一中的“一”是道德。与天地合其德，说明天地是有道德的。《周易·乾卦·象传》载：“天行健，君子以自强不息。”《周易·坤卦·象传》载：“地势坤。君子以厚德载物。”也就是说君子要与天合德，积极进取，要顺应天道，懂得承载包容。孔子说：“唯天为大，唯尧则之。”（《论语·泰伯第八》）尧能符合天的标准，尧的伟大，也像天那么大。尧是圣王，是“大人”，也是“君子”。他可以与天“合德”，也能像“天行健”那样“自强不息”。天有高尚的德，圣王能够效法天之德。这是大人与天的合德，即天人合一的一种形式。天人合德也就是儒家“君子比德”的引申。

其次，天人一物，万物本一。道家的天人之学认为，天道即人道，天的本质就是人的本质，这个本质就是自然无为，故道家的天人之学建立在自然本体论之上。老子说：“人法地，地法天，天法道，道法自然。”（《老子·二十五章》）天地遵从自然之道，人也遵从自然之道。道家认为，万物同源、全息而感通，道既是化生万物的本根，也是万物同源的基础。庄子明确提出了“天与人一也”的说法：“无受天损易，无受人益难。无始而非卒也，人与天一也。”（《庄子·山木》）又如：“天地与我并生，而万物与我为一”（《庄子·齐物论》），万物的生存都离不开自然环境，万物都是在一定的自然环境中自然而

① 蒙培元：《人与自然：中国哲学生态观》，人民出版社2004年版，第3页。

然地产生，最后又自然而然地复归于大自然。因此，道家更重视人与自然的和谐。老子说："道生一，一生二，二生三，三生万物。万物负阴而抱阳，冲气以为和。"（《老子・四十二章》）庄子讲"通天下一气耳"（《庄子・知北游》），人就是气聚合而成的，因此，与万物没有什么不同，与天也是一致的，故而万物本一。

再者，万物平等，物我不二。佛教称"一切众生皆有佛性"，主张万事万物都具有佛性，山川、草木、一切有情无情之物都有佛性，即"无情有性"。佛学从万物平等的角度出发，主张众生平等，强调对地球上一切生命和生态系统的保护，所以人类应该善待万事万物，尊重生命。如果更进一步来看，《楞严经・卷五》上说："不知色身，外洎山河虚空大地，咸是妙明真心中物。"也就是广袤无垠的太虚空，它是"妙明真心中物"。那虚空和妙明真心物相比，是怎样的呢？《楞严经・卷六》中写道："空生大觉中，如海一沤发"，虚空生妙明真心中，就像小水泡生在海中一样。妙明真心有多大？是一个难以想象的浩大的存在，是一个弥纶天地的存在。那这个"妙明真心"是谁呢？它居然是你。这就是你的本来面目，就是禅宗说的本性、真如法性、妙明本体。心是如此浩瀚，也就是心包太虚，量周沙界。为什么物我平等？因为境随心转，外境皆出自心。原来整个宇宙都是出自我心，都是心的反映，也就是物我不二，天人合一。

1.1.2 儒家仁民爱物、参赞化育的仁爱观

1.1.2.1 仁民爱物、民胞物与

儒家高度关注人与自然的关系。在人与自然的关系上，儒家主张要"一体之仁"，尊重万物，关爱生命，实现仁德。"仁"是儒学最高的道和最厚的德。"樊迟问仁。子曰：'爱人。'"（《论语・颜渊第十二》），可见仁的含义就是爱人。"夫仁者，己欲立而立人，己欲达而达人。能近取譬，可谓仁之方也已"（《论语・雍也第六》），"能近取譬"者，推己及人也，推己及物也。"仁"的这一推己及物的心理效应无疑能使人类将人与人之间的道德情怀扩展到自然万物，这就体现了"仁"的博大、"爱"的旷达。孔子从"仁"学出发，提倡仁爱万物，主张将从善的道德情怀直接施于自然界，对自然界及自然界的所有生物施以爱心。他提出"知者乐水，仁者乐山"（《论语・雍也第六》），要求人

要热爱自然，热爱一切生命。孟子则明确提出“亲亲而仁民，仁民而爱物”（《孟子·尽心上》）。这种由近及远、由人及物的仁爱学说，虽然包含着差异性，有亲疏远近之别，但它兼顾到人与物，因而有普遍性。“亲亲”是仁的起点。仁即由亲亲开始，不断向外推行。然后是“仁民”，热爱人民尊重人民。最后是“爱物”，广泛爱一切的生物，有生命的无生命的。这才为仁之术，就是将人的“恻隐之心”，也就是“仁”的根苗，不断“扩充”，不断地贯彻到人的日常行为中，以此待人接物。这就是做到“仁民而爱物”，这就是君子、大丈夫。此外，孟子的“万物皆备于我”的思想也体现了生命整体观思想 。孟子说道：“万物皆备于我矣。反身而诚，乐莫大焉。强恕而行，求仁莫近焉。”（《孟子·尽心上》）万物和我本就不可分割，万物本就在我的情感之中，如果我“扩充”其情，敞开胸怀，就能体悟到生命的和谐之美。不断践行恕道，这本来是我所具有的，自然就能“求仁而得仁”。

张载在《西铭》一文中提出了“民胞物与”的著名命题：“乾称文，坤称母”，“天地之塞吾其体，天地之帅吾其性。民，吾同胞；物，吾与也”。[①] 即把天地之体，当作自己的身体，把天地变化的自然本性，当作自己的本性。他认为气与性是人与万物共同的本源，因此，我与一切人的关系是同胞兄弟的关系，我与万物的关系是朋友伴侣的关系。一切人，都是我的同胞；万物，都是我的朋友。将万物视为人类的朋友与伴侣，这是对“仁民爱物”说的进一步发展。“仁民爱物”是以我为中心，把道德情感推己及人以至自然万物。“民胞物与”则把我看作他人与万物的同类，大家都是天地组成的大家庭的成员[②]。将人性中的“仁德”发挥极致，毫无保留、毫无遗漏地将爱施于万物，体会万物的生命意义，最终达成天地中万物一体的整体和谐。

1.1.2.2 天道“生生”、参赞化育

儒家以“天道生生”“生生不息”的哲学来理解或解释大自然的创造。天地宇宙充斥着生命和万物，天有生生之德。天地之道具有生生不息、持载化育万物的功效，万物在天地之道悠久无疆的创生过程中存在完成[③]。天地万

---

① 《西铭》，载于《张子正蒙》卷九。

② 赵载光：《天人合一的文化智慧：中国古代生态文化与哲学》，文化艺术出版社 2006 年版。

③ 彭耀光：《〈中庸〉天人观的理论特质及其当代意义》，载于《河北师范大学学报》（哲学社会科学版）2007 年第 3 期，第 49～53 页。

物生生不已，那么人处于什么样的角色呢？人是自然界的一部分，人是有主观能动性的，人在自然界占有特殊的地位，人最重要的作用就是“参赞化育”。关于人与天地化育的关系，《周易》说：“天地之大德曰生”（《周易·系辞下》），“夫‘大人’者，与天地合其德”（《周易·乾卦》），即“大人”与天地合德，共同化育万物。董仲舒也说：“天、地与人，三而成德。”（《春秋繁露·官制象天》）。王夫之也说道：“天地之德，亦待圣人而终显其功。”（《周易外传》）天地的“生”之德，亦有待于人的协作而后“显其功”。这样，天、地与人三者就内在地有一种整体联系了。这便是儒家的“三才”整体论的系统观。

《中庸》第二十二章明确指出成圣的根本在“诚”，继而才能参赞化育，“唯天下至诚，为能尽其性。能尽其性，则能尽人之性；能尽人之性，则能尽物之性；能尽物之性，则可以赞天地之化育；可以赞天地之化育，则可以与天地参矣。”这段话道出了儒家对于人在宇宙中的地位和人与万物关系认识的精髓。自然界的本性就是以诚“生”物、以诚“化”物。诚，作为天地之德的根本标志，就是天道、天德。天道真实无妄，它就表现在万物之性和人性之中。人作为德性主体，不是与万物对立的，更不是凌驾于万物之上的，而是与万物平等的。但是人有责任和义务，要从人自身的生命中体会万物生命之宝贵，尽其性以尽人之性、尽物之性。人性若能尽其诚，则可以合于天道。但万物不能尽己之性，更不能尽人之性，而人则能够由诚而明和由明而诚达到尽己之性、尽人之性，进而尽物之性，弘扬天地的生生大德，积极参与天地万物的孕育、进化过程，促进万物的生长和繁荣，努力实现人与自然的和谐，与天地并立为三①。故而，人在宇宙中的地位是高于万物，而与天地卓然并立；人在宇宙中的作用，是协助天地化育万物，促进万物的顺利生长；人与天地万物的关系是互济互利、相互依存的协调关系②。这说明人需要很高的境界，才能以至诚至仁之心对待万物，使万物各得其所。人因诚而认识到天地化育之道，继而承担起“赞天地之化育”的使命。因此，圣人君子所为就是“为天地立心，为生民立命”，参与天地万物的孕育，促进人与自然的和谐。

《中庸》第三十章说道：“万物并育而不相害，道并行而不相悖。小德川

---

① 徐昌文：《浅析儒家伦理思想中的自然权利观》，载《天府新论》2006年第3期，第30～33页。

② 杜艳婷：《中国古代生态思想与当代环境伦理观的构建》，青海师范大学硕士论文，2011年。

流，大德敦化。此天地之所以为大也。"这句话总结了儒家对自然界以及人与自然关系的认识。自然界有冲突、竞争的一面，但从整个进化过程看来，仍然是和谐的、有序的，万物都能得到生长发育而不相害，万物之道皆能顺利进行而不相冲突。因此，人只有维护自然界的利益，保持自然界的多样性，才能实现整体的和谐。

1.1.2.3 以时禁发、以时养发

儒家所主张的生态伦理行为规范可以简略地归纳为一种"时禁"。也就是要尊重自然规律，注意生物间的联系与制约，使万物"不夭其生""不绝其长"。儒家正是依据对生物与环境之间关系的认识，从利国利民、保证人类生产和生活资源的持续性出发，要求人们在利用自然资源时，顺应生物的繁育生长规律，"取物以顺时"，去开发利用自然资源①。

孔子十分热爱生命，对于谷物瓜果之类，坚持"不时，不食"(《论语・乡党第十》)。据记载，曾子认为："树木以时伐焉，禽兽以时杀焉。夫子曰：'断一树，杀一兽，不以其时，非孝也。'"(《礼记・祭义第二十四》)孔子把伦理行为推广到生物，认为不以其时伐树，或者不按规定打猎是残害动物，是不孝的行为，应反对这种行为，宣扬"天子不合围，诸侯不掩群"(《礼记・王制第五》)。"子钓而不纲，弋不射宿"(《论语・述而第七》)的观点也表明孔子不会用渔网把鱼一网打尽，也不会去打在巢栖息的鸟，因为它有可能是有孕或是要养育幼鸟。这些都说明孔子把保护自然提到了道德行为的高度，提倡不把动物赶尽杀绝，给它们留下一条生路。

孟子也主张对生物资源要取之有度，用之有节。"不违农时，谷不可胜食也。数罟不入洿池，鱼鳖不可胜食也。斧斤以时入山林，林木不可胜用也。"(《孟子・梁惠王上》)意思是说耕作不违农时，不用网眼细密的网捕鱼，砍伐森林也要有一定的时间，这样才能使资源源源不竭。②

人类只有尊重和保护自己的食物对象，才能保持生物链的平衡，不至于缺乏食物。"竭泽而渔"，最终是没有鱼吃的。对待动物是如此，对待植物也是如此。因此，孟子说："故苟得其养，无物不长；苟失其养，无物不消。"(《孟

---

① 盛辉：《中国传统文化生态伦理思想评析》，载《河南科技大学学报》(社会科学版)2009年第6期，第24~27页。

② 徐明娟：《科学发展观与政府职能的生态转向》，山东农业大学硕士学位论文，2010年。

子・告子上》)"百物不失""百物皆化",是人与天地同和的结果,这才是一种真正的生态和谐。

1.1.3 道家道法自然、万物不伤的宇宙自然观

1.1.3.1 道法自然

道家认为天地并不是最根本的,最根本的是"道"。老子说:"有物混成,先天地生。……可以为天地母。吾不知其名,字之曰道。"(《老子・二十五章》)也就是宇宙间存在一种"先天地生"而且"为天地母"的东西,即"道"。"道"是宇宙万物的本体,是宇宙万事万物共同具有的一切物质的和观念的存在。因此,世界上的一切,包括天地万物和人,都是从这个"道"产生的。老子说:"道生一,一生二,二生三,三生万物。"(《老子・四十二章》)这表明"道"为宇宙万物之本原,"一"为道所产生之元气,"二"为元气所产生之阴阳二气,"三"为阴阳二气所产生之天地人三才,人与天地共同生养万物。① "道之尊,德之贵,夫莫之爵而常自然。道生之畜之,长之育之,亭之毒之,养之覆之。生而不有,为而不恃,长而不宰,是谓玄德。"(《老子・五十一章》)即道之所以受尊敬,德之所以被珍贵,就在于它不去干涉而是顺应自然。道产生万物,德畜养万物,使万物产生、发育、成长、成熟,并且抚养、庇护万物。生育了万物却不占有,缔造了万物却不支配,长养万物却不为主宰,这就是最深的德。道大体上包含三层意思:第一,"道"是指万物的源泉。道是本源,物是派生。它先于天地存在,"道者万物之奥",它作为天地万物存在的根据,产生了天地万物。第二,"道"是指天地万物产生、发展、运行的普遍自然规律,即"天道",所谓"道之尊,德之贵,夫莫之爵而常自然"(《老子・五十一章》)、"道常无为,而无不为"(《老子・三十七章》)便是此意。第三,"道"是人类追求的最高境界。人类社会各个领域的行为准则和道德规范,即所谓人道。由此可见,这个"道",是万物之宗,也是万物之始,它把天、地、人等宇宙万物都连贯成为一个整体。

所谓"道法自然",是说道清静无为,无为而无不为,它对一切都不加干涉,一切都任其自然,只要任其自然了,就一切都自然而然了,一切都自由自

---

① 苏婧:《中国道教园林精神空间的构成研究》,南京林业大学硕士学位论文,2008年。

在了,一切都井然有序了。老子认为人应当顺应自然,而为此则须遵从“道”。“人法地,地法天,天法道,道法自然。”(《老子·二十五章》)意即人只不过是自然之一部分,天道与人道、人与自然是和谐统一的。人以地为法则,地以天为法则,天以道为法则,道的法则就是自然而然。是故,“道法自然”是终极的原则,道也好,天也好,地也好,人也好,都要“法自然”,都要“无为”。

1.1.3.2 万物不伤

道家主张敬畏和爱护生命,贵生戒杀,敬畏生命,这是道家学说中一个重要的理论成果。道是宇宙中一切事物普遍的最终价值源泉,天地万物都是道自然运作、无为自化的产物。因此,从万物自身所依据的价值来源的绝对意义上看,任何事物的价值都是平等的,而没有大小贵贱之别,它们都是自然界不可缺少的部分,从而确立了“万物平等”的观念。庄子提出,应该摒弃“以物观之,自贵而相贱”(《庄子·秋水》)的成心,“以道观之,物无贵贱”(《庄子·秋水》),以道的观点来看待万物这样才能够看到万物无贵贱之分。人之所以贵己而贱物,就因为人仅仅站在自己的立场上,而没有达到道的境界。道家认为无论是天地之圣灵的人类,还是遍布山川空间的禽兽鱼虫,它们的生命都是大自然的杰作,都是大道至德的显现。① 这就要求摆脱唯人独尊的思想,承认各种生物的生存权利,并把护养万物、维持生命的最佳状态作为圣人的重大责任,凡是对生命有害的事情都应制止,这是人类至高无上的美德。既然世界上的一切生灵都有其平等的生存权利和合理的存在地位,那么就应该让宇宙万物都能在大自然中自由生长,任性自在②。

生命是相互依存的共同体,所有的人、所有的生物乃至山川河流、矿物土地,都是在一个共同体中相互连接协同进化的。所有生命就像锁链一样,环环相扣,若其中一环断裂,那么这个万物赖以生存的生命链就会七零八落,人类的归宿将随着一个又一个生命体的消失而灭亡。③ 道家提出“无以人灭天”的主张,并向人们发出警告,如果人一定要按照自己的意愿去“残生

---

① 石荣霞:《论道家的生态伦理观及其现代价值》,曲阜师范大学硕士学位论文,2007年。

② 卿希泰:《道教生态伦理思想及其现实意义》,载《四川大学学报》(哲学社会科学版)2002年第1期,第39～43页。

③ 石荣霞:《论道家的生态伦理观及其现代价值》,曲阜师范大学硕士学位论文,2007年。

伤性”，必然对自然环境及生态之美造成破坏，并招致最终的失败。所谓“为者败之，执者失之”正是这个道理。因而人类应尊重一切生命存在发展的权利，以平等的眼光看待万物，以慈悲的心地善待生命。

庄子提出了“万物不伤”的生命爱护观。“圣人处物不伤物。不伤物者，物亦不能伤也。唯无所伤者，为能与人相将迎。”(《庄子·知北游》)“万物不伤”也是“顺物自然”的必然结果。“万物不伤”有助于实现“物物而不物于物”，最终达至“天乐”境界。也就是人生活在天地之间，应该逍遥自在，而不被物所累，也就是不要贪得无厌地追求身外之物，宽容于物，只有这样，最终才能入圣人之境，达到自由自在的人生境界。

1.1.3.3 知足寡欲

老子提出：“见素抱朴，少私寡欲。”(《老子·十九章》)从以往的历史教训中，老子得出总结：“罪莫厚于甚欲，咎莫憯于欲得，祸莫大于不知足。”(《老子·四十六章》)人类要维持其生存，就必须从自然界获取其生存所需的物质材料，但凡事都有一个度，超过了一定的度就会适得其反，只有知足知止，才能远离危险，避免祸患，立于不败之地。“甚爱必大费，厚藏必多亡。故知足不辱，知止不殆，可以长久。”(《老子·四十四章》)也就是说人要控制自己的欲望，要知足，要顺应自然，不要渴求不必要的和得不到的东西，把自己的欲望和行为节制在自然规律的限度之内，真正与天同一①。他似乎发现了一条定律：任何掌握权力的人都势必滥用，势必腐败，势必灭亡。因此，他告诫统治者，一要慈，二要俭，三不敢为天下先。俭就是节俭、节约，是对奢侈而言的。老子提出“去甚，去奢，去泰”(《老子·二十九章》)，要求饮食、住处、宴请不能太过奢侈。饮食上太过奢侈，会造成食物浪费；住处太过奢侈，会造成占地面积过大，建筑材料过多等浪费状况；宴请过于奢侈，会造成消费过于奢侈。人对生活的追求，是由人的欲望来决定的。人若不知限制、控制自己的欲望，从而使欲望过分膨胀，必定过上奢侈糜烂的生活，人就会堕落；相反，人如果知道节制欲望，崇尚节俭，不仅对人的“养生”是重要的，而且对人的德性的培养和提高也是重要的。人类只有选择这样的一种生活态度，采取这样的一种生活方式，才能从根本上解决人与自然的关系问题。只

---

① 赵春福、鄙爱红：《道法自然与环境保护：道家生态伦理及其现代意义》，载《齐鲁学刊》2001年第2期，第14～19页。

有知足寡欲，才能“长久”，才能“常足”，其根本目的是求得心灵上的安宁。“归根曰静”(《老子·十六章》)、“静为躁君”(《老子·二十六章》)、“不欲以静，天下将自定”(《老子·三十七章》)、“静胜热。清静为天下正”(《老子·四十五章》)等都说明在老子看来，只有把人的心灵这面深妙的镜子清洗干净，不受一点外物的玷污，宁静而不浮躁，达到极度虚静状态，“致虚极，守静笃”(《老子·十六章》)，保持内心世界的清明澄澈，才能体会出万事万物的变化规律。而如何达到静？只有寡欲，只有返璞归真，回归自己真我的生命，才能达到静定，最终才能回归自然。

1.1.3.4 知常曰明

所谓知常曰明，是说人类最高超的智慧，就在于认识和把握天地万物运动变化的规律。老子说：“夫物芸芸，各复归其根。归根曰静，是谓复命。复命曰常，知常曰明。不知常，妄作，凶。”(《老子·十六章》)万物纷纭，都有自己的生长之理，各自返回它的本根。返回到它的本根就叫作清静，清静就叫作复归于生命，即“复命”。“复命”就是恢复生命本然的状态，亦即在“静”的境地中才能孕育新的生命。复归于生命就叫自然，认识了自然规律就叫作聪明。① 不认识和把握自然规律，胡作非为，恣意妄为，必然会招致凶险或灾难性的后果②。“常”即是万物运动与变化发展过程中的不变律则，是决定和制约万事万物消长盛衰的内在规律③。“知常曰明”，是指具有了解和把握事物生长变化的内在规律的能力，是人生的大智慧或明智态度。

因此作为“三才”之一的人类，要顺道而行，明了天地万物之间的和谐是自然界本身的常态。它是由道循环运动所形成的，应该顺应这种循环的法则，维护自然界这种和谐秩序，这才是明智之举。

1.1.4 墨家“爱利并举”的生态实施途径

墨家的环境伦理思想是以“兼爱”“交利”作为实现人与自然和谐的前提；以“节用”“非乐”作为实现人与自然和谐的实现措施；以“非攻”“反战”作为实现人与自然和谐的实现保证。可见，墨家的环境伦理思想是非常具有

---

① 李劲辰：《〈老子〉管理哲学研究》，中南民族大学硕士学位论文，2010年。

② 李玲：《中西视域下的道家生态思想研究》，南京林业大学硕士学位论文，2007年。

③ 王泽应：《自然与道德：道家伦理道德精粹》，湖南大学出版社1999年版，第260页。

特色的，它是把“爱利并举”作为墨家生态思想得以施行的途径。

墨家是在“爱”能带来利的前提下，提倡“爱”的。“爱”又可称为“义”，墨家学说中爱、利、义是相通的，是合一的。正如《墨子·经说下》表述：“仁，爱也；义，利也。爱、利，此也；所爱、所利，彼也。”可见，墨家把仁、义和爱同利益、功利直接联系起来，清楚地表明了墨家爱、义、利统一的重功利思想。因此，作为一个有情怀、有抱负的学派，墨家是以兴国安邦、造福百姓为己任的。“兴天下之利”是墨子创立其学说的根本，更是墨家这个学派的信念和目标，而墨家环境伦理思想也必然是围绕实现天下之利这个最终目的而展开的。

首先，墨家的“兼爱”思想蕴含着对人的爱再扩大到对所有生命的爱、对物的爱、对大自然的爱，再到对整个宇宙的爱的逻辑必然性，从中透露出墨子对生态平衡的关怀，以及墨子的生态智慧。墨家的“交利”思想虽然主要是人类之间的交相利，但其思想的必然逻辑也包含人与自然环境之间的交相利。

由上述可见墨子的爱是以实际利益为基本内涵，而这实际利益又属于利他主义的范畴。正如李文波所说：“在墨子那里，兼相爱、交相利就是规范人与人之间交往关系的社会伦理价值，深刻体现了墨家关注现实、义利统一和极重功利的思想。”①

其次，从墨家“兼爱”学说中衍生而出的“非攻”这一反战思想，不仅是墨家“爱”的体现，也是利于天下、利于自然的有力措施。墨家反战思想包含着对战争给人类社会和自然环境带来的巨大破坏的谴责。

此外，墨子也提出环境伦理思想的实现措施即一系列节俭措施如“节用”“节葬”“非乐”等思想，这包含了合理利用、适度开发自然的内涵，即墨子反对奢侈浪费，认为占有的物质资料只要能够满足人们的生存所需就可以了。

1.1.5 古代传统生态观的启示

通过梳理中国古代传统思想的生态观，我们可以看出，儒、道、墨家都提

① 李文波：《从墨子“兼相爱，交相利”看经济行为的新理性：互惠性与互恕性》，载于《南昌大学学报》(人文社会科学版)2002年第2期，第29～31页。

出了各自的生态观。虽然角度不同，但最终都不离天人合一、天人和谐的主旨思想。而传统生态观影响下的造物思想，不管是基于哪个流派思想，从提出的观点和相关的书籍中可以看出，关键词无非都是自然、和谐、朴素、中和、含蓄、质朴、节俭、务实、好古、合宜等，这都体现了中国长久以来可持续的生态和谐思想。由此可见，中国传统文化思想中处处体现了良好的生态观，奠定了几千年来的生态文明基础，这种可持续的生态思想才使得中国这个文明古国历经千年的发展依然如老树发新枝一样，焕发新的生命力。正如孔子所言："述而不作，信而好古，窃比于我老彭。"(《论语·述而第七》)中国作为唯一传承五千多年传统文化的四大文明古国之一，因其古老的东方文明和悠久的历史、灿烂的文化、深厚的底蕴，而展现出独特的魅力，令世界瞩目。作为华夏子孙，更应该继承和发展，像孔子一样，向祖先学习，学习古老的东方哲学思想，将传统的生态观思想应用于现代设计之中。只有这样，才能使得现代设计在具有深厚文化底蕴的同时，更能符合时代的发展和要求，从而焕发出新的生命力，历久弥新。

1.2 生态文明的提出

1.2.1 生态文明的含义

生态文明作为社会文明的最高形态，综合了社会文明与自然环境，因此它不是片面的而是全面的文明。它不止包括各种社会文明(物质文明、精神文明、制度文明等)，也包括不断变化的自然环境。

对于生态文明的定义，在学术界有着不同的解释。但具有代表性的有以下几种：

生态文明是指在社会发展过程中，秉承人与自然和谐相处的奋斗目标，遵循自然规律合理地利用自然资源，使经济与自然以一种可持续趋势稳步发展。

生态文明是指人们在改造客观物质世界时，不好的效应也会随之而来，面对新的挑战，要随机应变，及时采取措施，以促进人与自然和谐相处，有利于建立有序的生态运行机制。

生态文明由人类社会与自然环境组成，生态系统生产成果的总和构成了生态文明。在不同的社会，生态文明有不同的形式。古代社会主要强调社会与水环境的和谐统一；近代社会表现为社会与动植物的和谐统一；现代社会则强调社会与整个自然环境的全面和谐统一。可见，生态文明的内涵随着时代变化在不断地完善。

1.2.2 马克思、恩格斯的生态文明观

生态问题早在19世纪就已出现，在当时人们并未提出“生态文明”这一概念，而是提出了“人与自然和谐”的辩证思维。因此，马克思、恩格斯的生态文明观的核心思想就是人与自然的辩证关系。这一思想主要包括以下两个方面的内容：

第一，人作为自然界的一部分，是自然界历史发展的产物，通过实践从自然界中分离出来。社会实践是统一人与自然联系的中介。马克思曾经说过：“劳动作为使用价值的创造者，作为有用劳动，是不以一切社会形式为转移的人类生存条件，是人和自然的物质变换即人类生活得以实现的永恒的自然必然性。”①恩格斯对该命题运用了自然进化论进行论证。在自然界的发展过程中，一开始人类是不存在的，是生物经过一步步进化才转化为类人猿，然后通过有意识的思想活动和实践活动才分化出来变为现在高级的生物即人类。

第二，自然界要想发展是离不开人的发展的。同样如果人类社会的发展与自然界没有任何联系，人类要想生存必须需要自然界的供给，这样人类才能生存下来，所以人类和自然界都是有机结合体，离开谁都没有什么意义。

1.3 生态文明背景下实施农业水权的重大意义

1.3.1 水生态文明建设面临体制机制和制度等诸多挑战

党的十八大提出，大力推进生态文明建设，实现建设中国特色社会主义的“五位一体”总布局，建设美丽中国。创新引领绿色发展，加强生态文明建

① 《马克思恩格斯文集》(第5卷)，人民出版社2009年版，第56页。

设，现已成为我国“十三五”规划的重大目标任务。由于水生态的存在，在生态文明建设的大旗下，就有了水生态文明建设的提法。《水生态文明建设的实践路径认识及政策建议》①一文中研讨了水生态文明与生态文明的关系。生态文明是一种更高级的人类文明形态，而人类文明与水紧密相连，生态文明的产生和发展必将用水的保护作引擎。水是生态环境的控制要素，是生态之基，水生态文明建设是生态文明建设的重要内涵和组成，是它的发动机和助推器。一旦缺少水生态文明建设，生态文明建设就是残缺的，是不完整的。因此，我国加强生态文明建设，就必然要加强水生态文明建设。水生态文明应体现在：河流自然形态完好，河道有水流，河湖水系相连通；水资源寿命可持续，水资源品质优良，有水量和水质，水的无色、无毒、透明等基本特性尚存；人类对水的认识和管理到位，全社会坚守正确的水观念，传承水文化，不再对水实施过度消费和不合理利用，而是能站在节约的立场去用水，站在保护的立场去管水、治水。

当前，我国水资源短缺、水污染恶化、水生态受损等问题交织叠加，对水安全和生态文明造成了很大的影响，水生态文明建设已刻不容缓。但加强水生态文明建设却面临体制机制和制度等诸多挑战和问题。鉴于水的鲜明的流动性、包容性和流域性特征，对水的管理和治理必须树立系统、统筹、协调、共享的思维，尤其是水资源的配置应当既考虑人类社会生活和生产对水的需要，也考虑自然环境生态平衡对水的需要，以便实现流域水资源的可持续利用。长期以来，我国政府通过取水许可方式来配置水资源，取水许可证期限为5年，过去是无偿取得，现在取水户要缴纳数额不等的水资源费。由于用水效率和效益因行业和用户的不同而不同，各用水户的用水量因用水效率的改变会发生动态变化。在没有市场时，政府要判断水对于每个用水户的价值并把水分配给边际价值最高用途的成本非常高，一旦配置完成，就无法解决新的用水需求。因此，取水许可这种单纯行政分水方式是无法取得高效率和效益，实现水资源优化配置的。只有通过制度和市场双重手段，才能促进有限水资源的高效利用和合理配置，实现水资源利用效率的最大化和配置的最优化。坚持习近平总书记提出的“节水优先、空间均衡、系统

① 钟玉秀：《水生态文明建设的实践路径认识及政策建议》，载于《中国水利》2013年第15期，第28～31页。

治理、两手发力”新时期治水工作方针，必须运用政府和市场两种机制，调动一切社会力量，深化水资源管理制度改革，破除体制性障碍，破解水资源对经济社会发展的制约。

1.3.2 水权制度为促进水生态文明建设提供了市场配置水资源的有效工具

产权制度是资源实现优化配置的重要基础。产权具有激励作用，只有明晰的产权产生稳定的预期，才能真正调动起人创造财富、爱护财富、积累财富的热情，自觉有效保护自己的财产、限制违法的行为。“我国生态环境保护中存在的一些突出问题，一定程度上与体制不健全有关，原因之一是全民所有自然资源资产的所有权人不到位，所有权人权益不落实。”[①]水资源是自然资源，具有财产和资源双重属性。当水资源短缺时，水资源具有资产特性，具有明显的绝对地租和级差地租。我国《水法》第三条规定，“水资源属于国家所有。水资源的所有权由国务院代表国家行使。农村集体经济组织的水塘和由农村集体经济组织修建管理的水库中的水，归各该农村集体经济组织使用”。水权指水资源的所有权和使用权。水权是由有形实体和无形权利的有机统一，前者指一定量的水资源，而后者指权利和义务。对于水权的制度安排，即水权制度，是对传统水资源管理制度的补充和完善，是现代水资源管理制度的重要组成部分。利用水权制度，发挥产权激励和流转功能作用，一方面，可以促使更多的节余水量向效益高的产业流动，满足区域产业结构调整和经济升级之需；另一方面，用水户被分配了一定的水权，既可以避免“水价过高用不起水”的现象，又可以发挥水权交易价格的参照作用，激励用水户自觉节水，以便减少购买水权水量或将节省的水权出售获利，从而减少水资源的浪费。

我国当前在水资源所有权和使用权上有一些制度安排，如流域水量分配方案；在权利和义务上也有一些制度安排，集中在水资源节约和保护方面的强制性规定，如水资源有偿使用制度，排污收费制度，对用水实行分类计量收费和超定额累进加价制度等，但这些更多地体现在水权持有者的义务。目前我国缺乏对生态环境用水的保障机制，生态环境用水基本上是靠政府

---

① 习近平：《习近平谈治国理政》，外文出版社 2014 年版，第 85 页。

的行政指令来实施的，缺乏稳定和明确的标准。水源地保护与发展的长效机制尚未建立。由于水源地与受水区存在空间上的分离，对水源地的补偿存在随意性和不确定性，使水源地的合理利益得不到保障，也影响了水源地的经济社会发展权，产生不利影响。用水户层面的初始水权尚不明晰。农业用水户和工业用水企业等的初始水权未明确，可转让的水权无从核算。另外，水资源费征收标准、阶梯式水价中的基本用水量的划分，也需要从水权的角度进行分析解决。

水权制度建设旨在建立起归属清晰、权责明确、流转顺畅、监管有效的水资源资产产权制度，是要利用产权激励和可转让功能，提高用水效率，减少水资源浪费，并实现水资源在不同用途之间的转换。具体包括四个方面：

一要明晰水权，清晰界定水资源使用权的权利主体和权利边界、水量的技术边界和法律边界。

二要建立水权分配制度，规定共享有限水资源的基础条件，保护其他用水户的权利和水系的价值。

三要建立水权流转制度，促进用水户之间的水权交易，确保不时地对有限的水资源进行适当的重新分配。明确可交易水权的范围和类型、交易主体和期限、交易规则；要形成合理的水价机制，促使水资源从低效率用途转向高效率用途。

四要建立水市场监管监督机制和利益保护机制，加强政府对水权用途管制和水市场的监管，引入社会监督，规范水权交易行为，降低交易成本，保护第三方利益和公共利益。要依靠水市场管理机构，建立水权交易制度体系，保证水权交易有序、健康进行。

1.4 水权制度建设和水权交易实践中需要解决的若干重要问题及解决对策

1.4.1 关于初始水权分配

1.4.1.1 处理好水资源国有的公权与水权的私权问题

在现行法律框架下，我国水资源权利配置实践中存在公共权利和私人权利的混合，有“公有公用”和“公有私用”两种情形，这种权利配置并不能保证水资源利用的高效率和公平性。水资源属于国家所有，所有权由国务院代表国家行使，其实质是全民所有水资源资产采取了委托代理机制和分级行使权利体制，各级水行政主管部门担当了水资源管理者的角色。厘清水资源管理者与水资源利用者之间、水资源利用者相互之间的关系，解决水资源的权属问题需要使公权的归公权，私权的归私权。流域水量分配方案旨在将河流取水权进行了行政区域层面分配，是国家所有权向水资源管理者的配置；而省级层面向市县层面的水量分配也是上一级水资源管理着向下一级水资源管理着的配置。这些都是水资源管理者之间的权利配置，是公权分配。只有分配到真正的用水户，即水资源利用者的水量，才会涉及公权转向私权，涉及“公有私用”。因此，从流域到省，从省到市县，水量分配是水资源管理者之间的分配，公权分配；从市县到用水户，牵涉公权转向私权，涉及权利性质的变化，需要给予特别的制度安排。

中共中央、国务院发布的《生态文明体制改革总体方案》提出，“坚持自然资源资产的公有性质，创新产权制度，落实所有权，区分自然资源资产所有者权利和管理者权力”，对水流进行确权登记，逐步划清全民所有和集体所有之间的边界，划清全民所有、不同层级政府行使所有权的边界，划清不同集体所有者的边界。因此，初始水权要体现三个层次：第一层次规定政府拥有的权力，如对地表水、地下水、外调水、再生水等享有的配置权、调度权和管理权。各级政府享有不同级别的权力。要合理配置环境水权、紧急用水权等，确保公共利益保障和应对应急事故。第二层次规定批量水权，包括授予水库管理处、自来水公司、灌区管理局等享有水的批发权。第三层次规定用水者拥有用水权，明确到具体用户并登记颁证。

1.4.1.2 解决好权益的稳定性和水量的变化性的矛盾问题

《生态文明体制改革总体方案》提出：“开展水流确权试点。探索建立水权制度，分清水资源所有权、使用权及使用量。”水权既然分配，水权持有者享有的权益就须具有一定稳定性，不能朝令夕改。但江河是流动的，江河的来水条件是变化的，因此权益的稳定性和水量的变化性存在矛盾，在水权分配上需要给予解决。

鉴于一条河流的多年平均径流量是稳定的，应该建立二元水权结构，即由保有水权(目前的取水权)和取用水权两种类型构成的水权架构。保有水权是指持有者享有该部分水量的使用权利,但在没有转换为取用水权的条件下,它所规定的那部分水量是不能取用的,它所给出的权利具有财产权性质,更多体现了公平法则。保有水权有两种形式,对区域而言,保有水权代表持有者(通常是省级行政区政府代表所辖区域的全体用水者)享有按照一定的原则所分得的全流域可持续利用水资源量(与多年平均水资源量相关)一定份额的合法权益,它所规定的水量指流域水量分配方案规定的水量;对用水者而言,保有水权指对用水者规定的正常年份应该享有的水权。而取用水权代表持有者可以当期实现的水资源使用权。保有水权的有效期限比取用水权的有效期限长很多,更稳定。可以将定额管理与水权管理结合起来,用水户根据用水定额享有水的使用权,用水定额就是水使用权的量度,可称为保有水权;年度用水指标就是实际用水权,即取用水权。通过加强用水定额管理进行水权管理,是妥善解决当前水使用权转让缺乏法律依据的有效途径。

1.4.1.3　体现水权持有者权利和义务的完整性问题

水权所涵盖的权利和义务是通过一系列水权指标体系来体现的。目前我国水权的指标体系很大程度上是基于取水量而建立的,关于耗水和退水缺乏较为硬性的量化指标来规范,这给水资源管理带来了很多问题,比如很多地区发现,即使在严格按照取水指标进行取水的情况下,地下水位下降,河流径流量缩小的问题仍然不见改善。按照水文循环和水量平衡的原理,关键在于控制或者减少无效或者低效水分蒸发蒸腾(ET),实现“资源节水”。将流域水量平衡计算得到的目标 ET 作为流域用水总量控制指标,是一种真正意义上的从人与自然和谐相处的高度来规范人类的用水行为。水权三要素包括:可以提取的水量;可以消耗的水量(ET);以及必须返回当地水系统中达到一定水质要求的水量。在水权的分配、水权的监管以及水权的交易过程中,充分考虑水权的这三项要素,且 ET 是核心控制要素和水权管理核心指标。

由于只有取水量可以直接监控,而 ET 只能在用水过程完成之后才能被监测,如果水权三要素之间的关系没有很好地确定,或者用水方式发生了变化,现实中可能会出现取水量符合分配的水权指标,但是产生的 ET 值超过了分配的 ET 指标的现象。因此，有必要建立取水指标的调整制度，即当发现区域、取水单位和个人、用水户的产生的 ET 和退水量超过分配的指标时，相应地减少下一年度(下一轮次)的取水指标。需要在取水许可的有关法律法规中明确，管理机构有权根据 ET 监测结果对取水指标进行调整，从而有效控制水资源消耗。

1.4.1.4 解决好农业用水权的分配问题

农业用水占全国用水总量近 70%，有的地区这个比例达到 90%以上，如宁夏中部干旱带。对耗用水量最大的农业用水者而言，当前最重要的是尽快结合农业用水定额管理制度，建立并实施农业用水权初始分配制度和流转制度，促进农业节水内在动力机制的建立。农业初始用水权需要分配到农户或农业种植企业，与农田面积和作物挂钩。对于农业用水者而言，既要考虑水是农业之命脉，“有肥无水望天哭，有水无肥减半谷”，留足农作物生长所需，还要考虑目前绝大多数农田灌溉方式并非是节水型灌溉，需要促进其节约用水。在配置农业用水权的水量时应考虑五大部分，即农田面积、作物的基本需水量、输水环节需水量、临时性补充水量和专用需水量。其中，作物的基本需水量是基本水量配置，相当于作物的灌溉需水量，有些情况下要考虑一个作物调整系数。输水环节需水量是超出作物基本需水量以外的，合理、有效的需水量，主要考虑输水过程中的蒸发损失和深层渗漏损失，根据不同灌溉系统有所区别。对于采用喷灌方式的用水户来说，输水环节需水量不超过其基本水量配置的 18%；对于采用漫灌方式的用水户而言，输水环节需水量除考虑 18%的基本水量配置外还包括一部分补充输水量。临时性补充水量是对用水需求超过其水量配置的灌溉用水户提供的，以便这些用水户有充分的时间调整灌溉进度。但这种临时性补充水量对正在减少水量配置的管理区不予考虑。专用需水量是指在作物生长过程中，除基本水量配置和输水环节需水量以外，还需要的一部分水量，如针对葡萄的霜冻保护、马铃薯的漂洗、高产牧草等。

1.4.2 关于水权交易

1.4.2.1 解决好水权交易规则问题

水权转让必须以流域或区域水资源的可持续利用为基本前提，转让后不能导致转让方和受让方总的ET和取水量的增加，满足取用水总量控制要求；受让方的退水水质指标必须符合相应水功能区的要求；水权转让必须考虑到对本地区未来经济社会发展潜力的影响，不得向国家限制发展的产业用水户转让，限制向低效益、高污染行业转让，以符合水资源高效配置的原则。特别是，农业水权转让中要保障基本农田用水，防止因农业用水被过量转换或水质下降或渠系输水无法保障，而对灌区农业的可持续发展造成不利影响。

水权转让的条件：(1) 依法获得区域水权、取水权以及水资源使用权的政府、单位和个人，通过提高用水效率，减少耗水量(ET)的，可以按照规定的审批程序依法转让其节约的ET指标及其相应的取水指标，仅减少取水量，而耗水量(ET)没有减少的，不能转让。(2) 出让水权的区域不属于水资源超采区，换句话说，该区域耗水量(ET)没有超过目标值，在水资源可持续利用范围内。因为在那些耗水量(ET)已经超过目标值的地区不宜开展水权交易。(3) 考虑到目前用水效率差别很大，如果进行水权交易，交易方就必须同意实行取水量的调整制度，服从调控，以避免交易后总的耗水量(ET)增加。对于那些已经出让水权的，应该规定5年内不允许其申请增加耗水量(ET)指标。(4) 原则上，水权转让的期限应该与水权分配中明确的期限相一致，不能超过转让者已获得水权的剩余期限。对于农业用水者，转让期限不能超过出让者对土地的使用期限；对于其他用水者，转让期限不能超过出让者的水权期限。

要注意保有水权交易和取用水权交易的区别。在二元水权架构中，保有水权交易是以保有水权为标的，由于保有水权具有财产权利的性质，其交易更多的是权利的转移，追求权利的财富价值，不以取用水资源为直接目的，不涉及水量的交割。而取用水权交易是以取用水权为标的，与保有水权交易不同，它是以直接取用水资源为目的，交易涉及具体水量的交付，多在交易完成后改变原来的取水用途。

保有水权与取用水权之间在一定条件下可以转换。保有水权转换为取用水权意味着实际取用水量的增加，因此必须进行转换评估。要求采用综合评价方法，确保其转换的保有水量能得到保证，且对供求不会带来冲击，对水资源承载能力的影响幅度可接受，对第三方没有不利影响或影响可补偿。而取用水权转换为保有水权意味着实际取用水量的减少，不需要进行严格的转换评估，但要在水权交易管理机构进行转换登记备案。此外，由保有水权转换为取用水权的，应在许可期限内完成取用水，否则，将转换回保有水权。

1.4.2.2　解决好农业用水权转让收益分享和农民权益保护问题

鉴于农业是最大用水户，无论是我国加快城镇化、工业化进程，还是农业现代化转型，都需要开展农业用水权流转。尤其是，在当前农业承包地有序流转和农村土地适度集中和规模化经营的情况下，建立农业用水权流转制度、开展农业用水权交易实践更显得非常必要和紧迫了。

目前，农业节余水量的归属权不明。在输配水环节和田间用水环节都可以获得节余水量。前者主要是通过渠道衬砌，减少渠系水的渗漏、蒸发等损失获得，实际上是减少地下水补给水量而形成的水权，可以归为环境水权。该部分水权的收益应如何核算和使用，由谁拥有该部分水权等问题尚未明确。后者一般通过调整种植结构、使用高效节水灌溉技术和农艺措施等产生，对应的水权应属于农业用水户，但这一点并未明确。

用水权转让应该明确转让收入的受益人或者转让收入的用途。应当体现共享发展理念，建立农业用水权转让收益分享机制。要考虑各个环节利益相关者的实际贡献和真正损失，田间用水环节的节余水量应明确规定为农户所有，按照一定的规则由其享有该部分水权转让收益。

根据我国《价格法》规定，价格的制定应当遵循价值规律。为了使市场在资源配置中起决定性作用和更好地发挥政府作用，还考虑到水权交易属于准市场交易，用水权转让价格应当按照市场交易规则，在政府监管下通过协商定价和拍卖等方式实现。影响用水权转让价格确定的因素有很多，包括水权交易相关工程建设、更新改造和运行维护的成本，提高供水保证率的成本补偿，生态环境和第三方利益的补偿，水权交易期限，供水工程水价以及相关费用等。在农业用水权流转实践中，由于农业是弱势产业，农民是弱势群体，而水是农业命脉，农民的作物收益依赖于水，所以农民应该从其用水权转让中获得他过去使用水资源的全部价值补偿，以及农民在用水权转换后逢枯水年减产损失的风险保障。

农业用水权转让费除了体现市场交易成本（发现买卖双方、协商、谈判的费用）、行政性交易成本（Administratively-Induced Transaction Costs，简称 AIC,买主承担的向水市场管理机构缴纳的管理费用等)和政策性交易成本(Policy-Induced transaction Costs,简称 PIC,卖主承担的按照相关法规需要支付的经济补偿费用,用于防止对水权拥有者的伤害,防止破坏水环境,防止对水的原出售地区第三方的负面影响等)之外,还应该体现农民耕种靠灌溉水所获得的全部收益。现实中有几种常见的农业用水权转让情形:第一种是农民失地,过去的农地改变为工业园区。由于水与土地一样是生产要素,农民除获得土地补偿外,还应享受水的附加值收益,要按照一定的贴现率计算灌溉分摊的年收益现值作为用水权转让费补偿农民。第二种是农民将节余水量转让给工业和城市用水,用水权转让费必须使该农民能够收回售这部分水所付出的全部成本,包括损失的机会成本,以及节水投入的机会成本。第三种是农民将多余水量转让给其他用水户。用水权转让费也必须使该农民能够收回出售这部分水所付出的全部成本。

1.4.2.3 解决好水权转让生态环境保护问题

2013 年党的十八届三中全会明确提出要推行水权交易制度;2014 年习近平总书记在听取水安全汇报时强调,要推动建立水权制度,明确水权归属,培育水权交易市场;2015 年中央 1 号文件提出建立健全水权制度,开展水权确权登记试点,探索多种形式的水权流转方式。水权制度已逐渐成为水资源市场化配置的重要方式,是现代水资源管理的重要内容。水权转让不能影响和损害公共利益和第三方利益,对于对第三方利益产生影响的,必须有适当的补偿,并征得利益相关者同意。尤其是农业用水权向非农业流转中要保障基本的生态环境用水,减少水量转换对区域生态环境的不利影响。为防止水权转让对生态环境的损害,建立农业用水转换的可行性论证制度、听证公示制度和后期影响评估制度,实施第三方影响的专业评估机制;建立水权转让利益补偿制度,明确利益保护和补偿的基本原则,并对损失的评估、补偿主体、补偿标准、补偿额的确定、补偿的渠道或途径、补偿的方式、补偿的期限、相关罚则等进行详细规定;建立规范的水权补偿协商谈判机制,确保利益补偿有切实可行的操作方法。解决好水权转让生态环境保护问题要做好以下四点:

"一是积极开展水权制度理论创新和不同层级水权交易平台建设,为解决水资源管理中的许多难点提供理论基础和技术手段。建立农业用水权转让收益分享机制，让农业用水者分享转让收益，实现共享发展。在水市场建立和培育过程中，政府的角色限定在管理和服务活动之中，一般不应成为水权的主体，以保障水权制度的公平性。充分利用互联网探索建立'农业水银行'，政府负责搭建水权转让信息披露平台，提供信息服务，充当中间人。政府从水权转让方回购节余水权进行统一配置，将其转让给大的用水户，可通过设立农业节水基金来回购，维护好良好的市场秩序。水权转让发生后，必然会相应导致出让方和受让方原有的水权指标发生改变，需要对原来的相关水权分配方案、取水许可证、水权使用证进行调整，重新界定双方的水权，并作为水权监管的新依据。

"二是鼓励'自上而下'和'自下而上'相结合开展水权制度建设实践探索，尤其是重视基层实践。在实践探索中不断地修正和完善水权制度的理论、方法和适用性等，不断提高其可操作性和应用性。要更多地在水权持有者的权利和义务，尤其是权利安排上进行实践探索。要重视并充分发挥用水者协会作用。

"三是不断完善水权制度实践的实施条件。需要得到政府部门特别是水利部门、用水者对水权行政管理体系的切实认同和理解；需要完善水资源计量、供用耗排监控、水量调度等基础设施支撑；需要建立科学测算生态需水的方法和能够真实反映水循环规律的水文模型，开发不同层次(流域、省、市、县、灌区)的水权管理工具等；需要对现有法律法规中与之相抵触的规定进行修订，依法保障水权人的权利和责任；需要通过长期的、广泛的技术培训和人才培养，加强各级水权管理机构的能力建设。

"四是水权制度建设是一个长期的过程，应该遵守循序渐进、突出重点、稳步推进的原则，合理划分实施阶段，逐步明晰水权，建立健全水权制度体系。尤其是基于耗水量(ET)的水权管理必须是一个循环的过程：在水资源利用之前，通过制订用水计划确定用户每年可以取用的水资源量，可以产生的耗水量(ET)以及退水量；在水资源利用过程中，通过取用水资源量的监控从源头上对水权进行监管；在水资源利用完成后，通过对耗水量(ET)的监测结果来检验水资源开发利用是否控制在分配的水权指标内，并根据监测结果对下一年的取水指标进行调整或核减。这种不断循环校正的过程可能需要持续几年的时间，才有可能使得取水指标、耗水量(ET)指标以及实际监测的耗水量(ET)达到最终的一致。应发挥政府的推动、调控和监管作用，通过出台相关政策法规，推动试点建设，引导和规范水资源合理流动，保障水权持有者的合法权益。”①

① 钟玉秀：《水权制度建设及水权交易实践中若干关键问题的解决对策》，载于《中国水利》2016年第1期，第12～15页。

2 农业水权的现实语境

水权制度的本质是利益的实现与利益的和谐，其内涵是一种在市场配置水资源的过程中所形成的利益和谐、关系和谐、收益共享、竞争适度、交易有序、结构稳定的水资源配置状态和利益关系体系。从世界各国来看，水权制度的兴起和发展是一个必然趋势，其在水资源配置中的作用也日益扩大。这一发展趋势必然对我国的水管理理论和实践带来极大的冲击，它波及国家整个法律体系以及各个法律部门。因此，水权制度并不等于简单的经济学理论，也不是法律规则的概括。它是建立在一系列的经济基础、法律基础以及管理学基础之上的“利益和谐、关系和谐、收益共享、竞争适度、交易有序、结构稳定”的水资源配置状态，是各学科交叉融合的产物。水权制度适应了现代市场经济和可持续发展理论的需要，其所蕴涵的效率、平等、合作等人文主义理念，在一定意义上代表了水资源配置管理体制的发展方向。水权制度在提高水资源的优化配置，实现节水激励方面具有其他水资源配置管理制度所不可替代的品质和功能。随着我国相关水权理论探讨的逐步深入，水权理论的具体细化和实践操作成为人们关注的焦点。其中，农村水权制度是近年来倍受国家重视，而理论界探讨得较为薄弱的部分。而对农业水权配置的研究更是水权这一重要制度的基本载体，因此有必要从理论上加以澄清和明确，对其法律保障制度的深入研究更具有重大的理论意义和现实意义。

2.1 研究背景

2.1.1 中国水权制度提出的背景

众所周知的是，水资源是关系到我们生命得以延续的重要自然资源，它是全世界人们赖以生存和发展不可替代的重要资源。水资源不仅是人类社会可持续发展的重要基础，同样也是我们生存环境的基本组成部分。下到百姓的民生，上到社会发展甚至一个国家兴替，都与水息息相关。在中华人民共和国人均拥有的水资源不足，时间与空间上的分布不平衡，导致了我国社会缺水的常态，这甚至已经成为华夏大地再次崛起与世界发展的重要阻碍之一。于是，实现水资源优化配置和提高水资源利用效率的任务，已经迫在眉睫。

2.1.2 水资源需求随我国发展的变化

自 1949 年 10 月起，我国用水量开始迅猛增长。当年总用水量为 1 031 亿 m^3，其中，由于那时候现代工业还未发展壮大，工业的用水量只有 20 亿 m^3；农业用水量巨大，占用水总量的 90%以上。改革开放开始时期，用水量超过了 4 700 亿 m^3 大关。随后，人口的井喷、城市的扩张以及现代工业崛起，水资源的供给逐渐跟不上发展。2016 年，全国生活用水 821.6 亿 m^3，占用水总量的 13.6%；工业用水 1 308.0 亿 m^3，占用水总量的 21.6%；农业用水 3 768.0 亿 m^3，占用水总量的 62.4%；人工生态环境补水 142.6 亿 m^3，占用水总量的 2.4%。与 2015 年相比，农业用水量减少 84.2 亿 m^3，工业用水量减少 26.8 亿 m^3，生活用水量及人工生态环境补水量分别增加 28.1 亿 m^3 和 19.9 亿 m^3。全国万元国内生产总值(当年价)用水量 81m^3，2016 年万元工业增加值(当年价)用水量 52.8 m^3，农田灌溉水有效利用系数 0.542。按可比价计算，万元国内生产总值用水量和万元工业增加值用水量分别比 2015 年下降 7.2%和 7.6%。

2.1.3 中国水资源严重短缺

从总量上看，我国是淡水资源大国，庞大的淡水资源总量几乎占到了全世界 6%，少于巴西、俄罗斯还有加拿大，是世界第四大水资源总量大国。但是，超过 13 亿的人口均摊下的中国水资源就不那么拿得出手了。我国人均水资源占有量只达到世界人均一半都不到的，只有 2 000 多立方米。不幸的是，在用水量上，中国又是世界上最多的国家之一。在供水量上，2016 年全国供水总量 6 040.2 亿 m^3，占当年水资源总量的 18.6%。其中，地表水源供水量 4 912.4 亿 m^3，占供水总量的 81.3%；地下水源供水量 1 057.0 亿 m^3，占供水总量的 17.5%；其他水源供水量 70.8 亿 m^3，占供水总量的 1.2%。与 2015 年相比，地表水源供水量减少 57.1 亿 m^3，地下水源供水量减少

12.2 亿 m^3，其他水源供水量增加 6.3 亿 m^3。

水资源的时空分布不均是造成我国水资源短缺的自然因素，而社会经济的发展则是造成水资源短缺的社会因素。

伴随着用水需求的增长，我国的供水量也在持续增长。1949 年左右，我国水库只有零星的 20 多座，这一数据到 2014 年，直线飙升增加到了 97 000 多座，其中 2013 年增长最多，同比 2012 年增长超过 9%(见表 2-1)。全国供水总数也从 1 000 亿 m^3 多增加到 6 095 亿 m^3，供水在全国范围内几乎普及到了绝大部分地区，农田灌溉面积从 0.16 亿 hm^2 发展到 0.55 亿 hm^2，基本形成城市供水体系和全国农田灌溉总体格局。但是与社会经济的发展相比较，水资源供给增长速度迟缓，这一速度在 2000～2014 年期间基本维持在 2%以下，但是国民经济的飞速增长是远远高于水资源供给增速的。除此以外，我国人口的总数也大幅飞升，这进一步加剧了水资源供需的紧张形势。

表 2-1　全国水库总数　千座

年份	当年值	同比增长
2014	97.73	0.01
2013	97.72	9.53
2012	89.22	0.70
2011	88.60	0.83
2010	87.87	0.83
2009	87.15	0.92
2008	86.35	1.10
2007	85.41	−0.51
2006	85.84	0.87
2005	85.10	−0.06

另外值得关注的一点是，在耕地面积、人口和经济布局不匹配的环境下，水资源供需的分布矛盾被进一步加剧。总的国家水资源的 80%以上都主要在长江流域和南方地区，这些地区的西南部又占据了这些水量的近一半。将这些水资源平均到个人，得到的数字在北方低水平地区和南方高水平地区的差距可能在 10 倍以上，而这一差距在东西两地区中也达到 5 倍以上。我国的南方地区虽然有着丰富的水产资源，但是由于日渐严重的水污

染，人们可以发现越来越缺水了。在水质问题上，我们从东、中、西部地区分布来看，东部地区最差，其次是中部，稍好的是西部。严重的水污染已经使东部地区水环境不堪重负，主流的污染增多，逐渐受到各个支流侵染，农村也受到了来自城市的污染扩张，水污染向大海发展的趋势也正加大。水质型缺水加剧了原本就已严峻的水资源短缺问题。

2016 年，我国水功能区水质情况如下所列：全国评价水功能区 6 270 个，满足水域功能目标的 3 682 个，占评价水功能区总数的 58.7%。其中，满足水域功能目标的一级水功能区（不包括开发利用区）占 64.8%；二级水功能区占 54.5%。评价全国重要江河湖泊水功能区 4 028 个，达标率为 73.4%。其中，一级水功能区（不包括开发利用区）达标率为 76.9%，二级水功能区达标率为 70.5%。

2016 年，我省界断面水质如下所列：各流域水资源保护机构对全国 544 个重要省界断面进行了监测评价，Ⅰ～Ⅲ类、Ⅳ～Ⅴ类、劣Ⅴ类水质断面比例分别为 67.1%、15.8%和 17.1%。主要污染项目是化学需氧量、氨氮、总磷。与 2015 年同比，Ⅰ～Ⅲ类断面比例上升 2.3 个百分点，劣Ⅴ类断面比例下降 0.8 个百分点。

2016 年，集中式饮水水源地水质如下所列：31 个省（自治区、直辖市）共监测评价 867 个集中式饮用水水源地。全年水质合格率在 80%及以上的水源地有 694 个，占评价总数的 80.0%。与 2015 年同比，全年水质合格率在 80%及以上的水源地比例上升 1.6 个百分点。

2016 年，浅层地下水水质如下所列：流域地下水水质监测井主要分布于松辽平原、黄淮海平原、山西及西北地区盆地和平原、江汉平原重点区域，基本涵盖了地下水开发利用程度较大、污染较严重的地区。监测对象以浅层地下水为主，易受地表或土壤水污染下渗影响，水质评价结果总体较差。2 104个测站监测数据地下水质量综合评价结果显示：水质优良的测站比例为 2.9%，良好的测站比例为 21.1%，无较好测站，较差的测站比例为 56.2%，极差的测站比例为 19.8%。主要污染指标除总硬度、溶解性总固体、锰、铁和氟化物可能由于水文地质化学背景值偏高外，“三氮”污染情况较重，部分地区存在一定程度的重金属和有毒有机物污染。

说明：上述数据引自《2016 年水资源公报》。其涉及的全国性数据，均未包含香港特别行政区、澳门特别行政区和台湾处。

在地下水方面，对主要分布在北方 17 省（自治区、直辖市）平原区的 2 071眼水质监测井进行了监测评价，地下水水质总体较差。由图 2-2 可以看出，评价监测井总数的 0.5％属于水质优良、14.7％属于水质良好、48.9％的水井水质较差，更有 35.9％的测井达到了水质极差的地步。水污染的严重程度令人触目惊心。水污染问题也进一步加剧了我国日益严重的水危机。据统计，全国大约有 1/4 的人口使用的是不符合卫生标准的饮用水，全国 90％以上的城市水域存在不同程度的污染。

而这种种水污染问题，由于产权关系模糊，尽管颁发了《中华人民共和国水污染防治法》，在以此作为基础，对水污染治理了许多年之后的今天，在取得的成绩上虽然已经不少，但是这些改变仍然不足以改变污染的局面，水质污染状况仍然没有得到根本改善。

20 世纪 90 年代，大量的水涝与干旱灾害侵袭了华夏大地，造成了严重的经济损失。平均每年因旱受灾的耕地面积达 0.25 亿 hm^2，粮食减产在 100 亿～250 亿 kg。目前我国还有 3 亿多农村人口存在饮用水质不合格或水量不足、取水不便等问题，每年因旱造成的临时性饮水困难人口超过 1 000 万人。“十五”期间年均因缺水影响工业产值 2 300 多亿元占同期全国国内生产总值的 1.62％。在此期间的中国可谓饱受磨难，全国经济严重受挫，通过数据统计，后证实当时每年因为水资源短缺造成的损失超过了 1 000 亿元以上。与此同时，城市的水利设施无法正常运作，多数设施都是中华人民共和国成立初期甚至是成立前所建，损坏严重。水源单一导致许多城市的水资源提供不能得到充分的保障，在遇到大旱的年份，水的缺乏问题普遍存在。水资源短缺已经严重阻碍了我国，尤其是北方地区经济社会的发展。

一方面水资源匮乏，另一方面水资源利用效率低下。占据了全国用水量 80％的农业用水，浪费现象也普遍存在，有些地区农业用水采用大漫灌的方式，约有 50％的水是被浪费掉的。尽管全国不少地方颁发了节水条例，政府从法律的角度对节约水资源提供保护，大量的节水工作也在政府推动下，大量开展，但是，建设节水型社会的效果并不显著，未从根本上解决用水浪费问题。

2.1.4 我国农业水资源短缺现状

作为一个几千年传承下来的农业大国，农业耕种是我国传统。在我国，农业对水资源的需求量十分巨大，其用水量占全国总用水量的比例也是最高的。根据国家水利部 2016 年所提供的数据分析显示，全国用水总量6 040.2 亿 m^3，农业用水 3 768.0 亿 m^3，占用水总量的 62.4%。与 2015 年相比，农业用水量减少 84.2 亿 m^3。以下几点是造成这一现状的典型因素。

2.1.4.1 农业用水的缺乏与低效

持续变化的供需量造成农用水资源的短缺现状。在需求量上，我国农业用水需求持续上升，而供给方面却一直不太乐观。中国人均 2 300 t 的水资源占有量不到世界平均水平的 50%，而与之相对的达到了世界平均水平的 75%的消耗量，恰恰来自我国每亩耕地水资源使用量。可以说，我国粮食的根本来源保障就是这些灌溉耕地，其重要性不言而喻。受到我国农业科学技术发展水平不够发达的限制，在农业用水效率方面，我国农业耕种生产粮食的过程中，差不多生产 1 kg 的粮食，就需要 1 m^3 的灌溉水量。这一水平几乎达到了世界先进水平国家水平的 2～3 倍。农业方面的节水灌溉技术在中国普及率极其低下，其中节水效果优异的微灌和喷灌等节水灌溉技术仅占灌溉总面积的 2.6%左右，我国灌溉水的有效利用率经测算，仅有 40%左右。这些数据与世界发达国家差距巨大，比如在德国、法国等代表性国家，其节水灌溉面积的比例普遍达到了 80%以上。其中，以色列更是直接将微灌或喷灌运用于全部灌溉耕地，这一政策使其灌溉水有效利用系数维持在 0.7～0.8 之间。全国范围内大部分地区仍在采用大漫灌等形式的农业水利用方式，输水渠道输水过程以及耕地灌水过程中有近 50%的水渗漏、蒸发掉，实际田间的水分利用率不到 50%，而这 50%的水分也只有三分之一能够在后续被农作物实质地利用。

2.1.4.2 农业用水需求与水资源时空分布不匹配

我国农业基本属于灌溉农业，这是由我国农业生产用水需求和水资源时空分布不匹配决定的。各省级行政区差距很大的用水指标值，当地经济结构、科技发展水平、人口密度、主要农产品等因素都会影响这一指标。综观国内，以东、中、西部地区为单位统计，由西往东，农业用水占总用水量份额逐渐降低，农田实际灌溉面积中亩均的用水量分别为 581 m^3、379 m^3、415 m^3，西部多于中、东部。而我国水资源的分布状况是，北方的分布少于南方；而我国的耕地分布，则是南方比北方少，南北差异达到了10倍左右。同样巨大的差距也体现在长江南北地区的人平均水资源占有量上，其中以珠江流域为最高，其比最低的海河流域高出了 12.9 倍。

2.1.4.3 “农转非”趋势的日益明显

农业相对于工业，用同样多的水，农业产出带来的经济效益较少，水资源利用效率也更低。因此，在优化水资源配置的目标取向指导下，农业水资源就理应减少其所占份额，转而投向其他收益更加丰富的、不是农业的产业中去，即“农转非”。这一趋势在近年来我国的水资源调配中已经越来越明显。但是，国家依旧控制着这一趋势变化的主动性，市场在水资源的调配中发挥的作用少之又少，行政命令依旧是水资源配置的主要推动力；另外，政府在调节基本用水户的用水权利时，不会对失去用水的主体作出补偿，所以这种行政调配可以说是霸道式的。

2.1.5 中国水资源未来形势严峻

当前来看，中国的水短缺已经相当严重，这一严峻的趋势将一直延伸到未来一段时间里。中国拥有世界上最庞大的灌溉系统。农业是我国用水结构中比例最大的一部分。农业生产最重要的一个步骤就是灌溉。灌溉面积的大小决定了农业生产的多少，土地资源短缺这一严峻的问题，使得我国要解决粮食安全问题，必须依靠灌溉农业。我国灌田生产占到了粮食、蔬菜等作物的绝大部分。

长期以来我国南方都堪称鱼米之乡，大部分的粮食都生产于此，并发往北方。然而，这种形式的粮食生产分布，在进入 20 世纪 80 年代后开始转换。改革开放后，南方的经济开始飞速发展，更高的经济来源将农业产业挤向边缘化，农业水利逐渐淡化，而此时北大荒等北方大型农作物种植基地的开垦赋予北方很高的粮食产量，粮食生产的中心开始北移，可是粮食主要生产地区却要面对水资源稀缺的现实矛盾。

由上述可知，我国的水资源严重短缺的现状不是一时出现的短暂性的阶段性症结，而是将会一直持续下去，我国未来的水资源形势更不容乐观。水资源短缺的问题，不仅会对社会的健康发展产生负面影响，阻碍经济发展，而且还会破坏生态环境。由此可见，我国将会在未来很长一段时期内承担水资源短缺带来的全方位、多层次影响。

2.2 研究意义

自然资源是支撑人类社会与经济发展的关键，任何人、任何国家都不敢说可以不依靠资源来发展。水资源对于农业来可以说是命根子般的存在，其在人类社会与经济发展的历程中的地位也不言而喻。水资源短缺的问题在我国社会持续迅速发展，以及人口总数加大的情况下将会更为严重。因此，不能打没有准备的仗，我们在水资源日益短缺，水资源供给与需求已无法平衡的情况下，加快推进农业水权的理论与实践发展研究，完善我国水权法律制度，构建完善的农业水权配置体系，其意义十分巨大。以下几个方面可以说明研究意义：

2.2.1 绿色发展的客观要求需要水权制度的完善

绿色发展是科学发展观解析升华的结果。首先，绿色发展是借用绿色的生命寓意来表达的发展观，是永续发展的形象描绘。《中共中央关于制定国民经济和社会发展第十三个五年规划的建议》在强调“牢固树立创新、协调、绿色、开放、共享的发展理念”时对“绿色发展理念”作了如下阐述：“必须坚持节约资源和保护环境的基本国策，坚持可持续发展，坚定走生产发展、生活富裕、生态良好的文明发展道路，加快建设资源节约型、环境友好型社会，形成人与自然和谐发展现代化建设新格局，推进美丽中国建设，为全球生态安全作出新贡献。”我国水资源短缺，水污染和水生态损害严重。随着经济社会快速发展，特别是“四化”同步推进，我国水资源供需矛盾愈加尖锐，水生态和水环境压力倍增。解决好这些突出的水问题，事关“四个全面”战略布局、事关中华民族永续发展、事关国家长治久安。党中央国务院高度重视水问题，特别是随着全面改革不断深化、社会主义市场经济体制不断完善，越来越注重运用市场机制优化配置水资源、解决水问题。

2.2.2 水权制度的构建是完善社会主义市场经济的重要内容

在完善社会主义市场经济过程中,首先需要建立适当的法律制度,使这个制度既适应经济发展要求,又可以保证市场运作的顺利进行。在水资源市场化呼声渐起的同时,科学合理的水权法律制度的完善势必加快进度。而这一切带来的益处便是,健全的水权制度将会提供更协调的交易支持,促进农业水权的配置效率发展。水资源的配置效率在很大程度上受到产权和产权制度的影响。在水资源利用中,水权和水权制度就是产权和产权制度在其中的特殊形式。可以看出,完整健全的水权制度是社会主义市场经济的必要组成部分,同时也是我国进行水资源的开发利用与管理工作中必不可少的内容。

2.2.3 农业水权配置模式驱动水资源分配管理的创新

在以往,我国的水资源管理是计划经济实行下的产物,其按照与当时生产力适应的模式运行。根据需求提供其供给能力,是这种模式的主要特征。其供水能力主要来自水利设施的建设。在这种水资源管理模式施行中,各种生态问题层出不穷。其症结就在于,生产以及生活的需求被无限制满足,而生态与环境的保护上却一再被忽视。因此,建立全新的科学有效的新时代水资源管理模式是当务之急。更高的供水能力不再是新时代水资源管理的工作重心,用水主体之间的需求变化才是重中之重。即根据供给能力来调整需求的市场,进行用水主体的有效激励,提高节水积极性。而水权制度可以提供关键的理论支持和制度支撑。在合理调配地区间水资源,提高农业水效益,优化农业水资源配置等方面,科学完善的水权制度安排具有重大意义。

2.3 研究视角、方法、技术路线与内容结构

2.3.1 研究视角

本书从农业生态学、产权经济学和法学的三维视角,研究农业水权的配置的一般原理以及在我国的农业水资源配置过程中的法律保障制度。

从生态学角度来看,生态系统与其他系统一样,是由许多子系统组成的。农业是生态系统的组成部分,是一个子系统。当农业用水与生态系统相协调的时候,生态系统能够维持平衡、持续发展,当农业用水与生态系统相冲突的时候,农业用水将对生态系统造成影响,也就是干扰。系统允许一定的扰动。换句话说,生态系统具备一定的承载力。当系统不完全破坏的情况下,即控制在允许范围内,系统能够自行修正达到一个新平衡。但如果干扰超越了允许范围,系统将无法维持正常运转。相对于生态系统,农业用水规模发展越大,施加给大自然的压力越多,这种不和谐造成的破坏就越严重,最终导致两败俱伤。因此,在设计农业水资源配置的过程中,必须考虑生态环境的承受力,对生态用水有所保留。

从产权经济学角度来看,当前我国农业水资源配置效率低下的一个重要原因就是水资源的产权不明晰。产权不明造成农业用水过量和大量浪费,形成农业水资源利用的"公地悲剧"。如何解决这一问题,从产权经济学角度来看,最根本的解决方法是引入水权制度,将农业水资源划分水权,进行水权的初始分配。整个研究都是基于这一思路展开完成的。

从法学角度来看,仅仅从制度上规定农业水权的配置是不够的,还需要法律加以保障,通过法律的引导功能、激励功能加以实现,以完善的法律制度予以充分的保障。无论实体上的制度还是程序上的制度,都必须科学可行并得到切实的遵守。由于农业水权本身的复杂性研究不确定性,使得对这领域的研究还处于初级阶段。而且,基于文化传统、政治体制、法律制度等方面的必然差异,各国在农业水权的认识上都有各自的特殊性,这也决定了我国农业水权的研究与建设无法照搬外国模式。因此,更应从法律上对农业水权予以厘清。许多由此引起的新问题,正是我们目前迫切需要研究和解决的。

2.3.2 研究方法

2.3.2.1 研究方法

(1) 文献阅读法;(2) 专家访谈法;(3) 实践调查法;(4) 理论分析法(价值分析法、历史考察法、比较研究法、经济分析法)。

2.3.2.2 对研究方法的具体说明

作为一种科研活动,本书进行的第一步是"调研立项"。只有系统地检索文献资料，全面掌握国内外研究动态，准确把握学科现有水平，才能“开题查新”，确定合理可行的题目，并为后续的研究工作提供线索，准备条件。

在研究、写作的过程中，往往会遇到许多困难，通过走访专家，向其请教并听取意见，通过开展实践调查，掌握更翔实的材料，可以解决一系列实际问题。

理论分析法是写作中具体应用的方法：(1) 价值分析法即分析我国农业用水的不足及实现农业水权的必要性，从而为构建农业水权分配制度奠定理论基础；(2) 历史考察法即纵向研究我国农业水权的演化、发展过程，探索如何通过法律建立适合我国国情的农业水权制度；(3) 比较研究法即横向比较各国的农业水权制度，总结经验，吸取教训，为完善我国农业水权提供借鉴；(4) 经济分析法即从产权经济角度分析水权、水资源补偿费等问题，探索面向市场经济的农业水权制度。

2.3.3 技术路线

本书的研究技术路线见图 2-1。

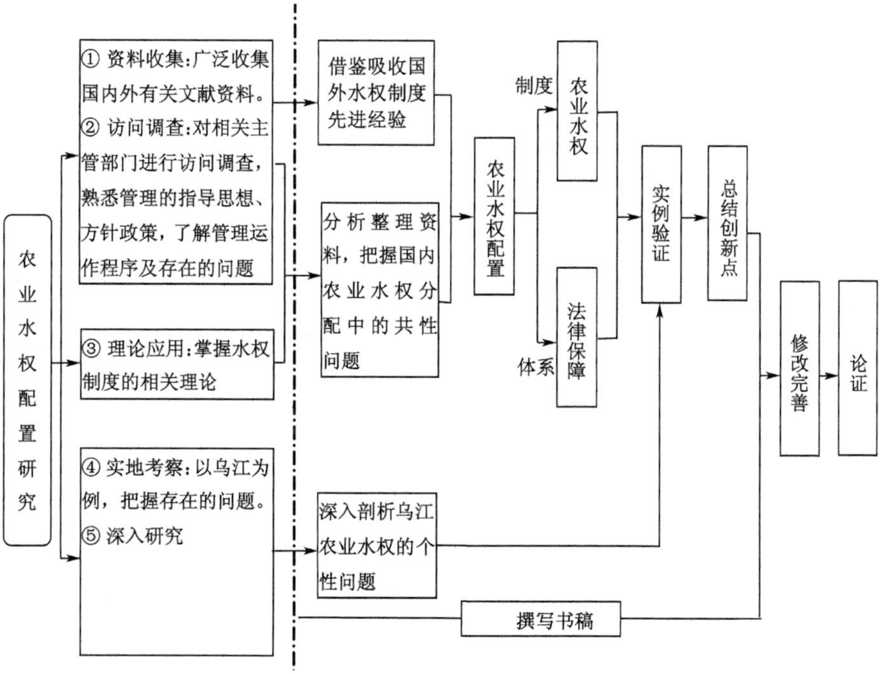

图 2-1 研究技术路线图

2.4 本书的创新之处

我国的农业水资源配置制度是一个积重难返的问题，延续以前的配置管理模式，始终走不出农业水资源无限扩张的怪圈。因此，必须以一个全新视角去审视我国现行的农业水资源管理和配置制度，从根本上解决农业水资源需求的无限扩张与资源的有限性之间的矛盾。在这一问题的研究过程中，本书力图在以下几个方面有所创新：

(1) 本书将生态经济学和产权经济学的思想应用于农业水资源的配置之中，分析农业水资源配置中存在的问题，提出利用水权制度提高农业水资源的利用效率的方法。这一研究方法克服了传统的农业水资源供给管理的弊端，从需求管理入手，借助水权的力量，推动用水户用水效率的提高。

(2) 本书采用了定性分析与定量分析相结合的研究方法。单纯使用定性分析或定量分析都有其固有的缺点。从法律视角将两者结合起来研究我国农业水资源配置问题的研究成果尚不多见，本书在这方面进行了尝试，力图通过定性分析，阐述了利用水权制度配置农业水资源的作用、运作机制，回答“可以如何”；通过定量分析，利用法律对其的保护机制，回答了“最好如何”，最终提出具体建议。

(3) 本书以“对话—制约—共信”为一互动平台，借用水权制度的思想，设计了农业水资源配置这一制度，并通过法律加以保障。几方面互为表里，相辅相成，是本书的重要创新点。

(4) 本书拓展了法律的研究领域和空间，使之在内容上更为丰富。目前水权制度的研究仅限于对其基本理论的研讨，农村水权制度是近来备受国家重视，但理论界探讨得较为薄弱的部分。本书选取农业水资源配置为代表探讨农业水权，试图丰富目前法学界研究内容。

3　水权的多维理论解读及研究进展

3.1　水权制度理论基础

3.1.1　产权制度

产权理论以研究产权的界定和交易为中心，其发展经历了很长时间，到20世纪50年代，形成了两种理论体系迥异的新制度经济学派，其代表人物分别是加尔布雷思（J. K. Galbraith）和科斯（R. H. Coase）。威廉森（O. Williamson）、德姆塞茨（H. Demsetz）、布坎南（G. Buchanan）、舒尔茨（C. Shulze）和阿罗（K. J. Arrow）对科斯理论进行了不同的修正。产权理论的主要观点是：① 经济学的核心问题不是商品买卖，而是权利买卖；② 资源配置的外部效应，是权利和义务失衡，或者是由权利无法严格界定而产生的，市场运行的失败是由产权界定不明所导致的；③ 产权制度是经济运行的根本基础，有什么样的产权制度，就会有什么样的组织、什么样的技术、什么样的效率；④ 私有产权更有利于合作和组织，私有产权制度会产生合作效率极高的组织，明确界定私人产权是为有效地寻找最优体制奠定制度基础；⑤ 在私有产权可以自由交易的制度下，中央计划也是可行的，只要计划是有效的，就可以使自由交易双方得利。

自产权理论诞生以来，它向经济各个领域逐渐扩散，应用极其广泛，目前在下述领域取得了较为丰富的成果：资源配置过程中外部效应分析、产权结构与企业经济行为关系分析、企业组织管理体制分析和比较分析、企业的规模及其与市场的边界关系分析、跨国公司的国际投资理论分析、技术转让中的交易成本分析、社会化分工与交易成本关系分析和国家经济增长分析等。

产权具有多种属性，但其基本属性表现在以下五个方面：① 收益性，即产权能为行为者带来利益和需要的满足，它是产权的核心，是激励功能产生的源泉；② 排他性，即产权权利主体的唯一性，是垄断的，这种属性实质上是对产权收益保护，决定了产权具有约束功能，同时能够有效地降低由于人的经济行为不确定性而带来的社会风险；③ 有限性，即产权制度规定的行为性权利对产权客体的用途的限制，产权的行使必须在一定的制度范畴内，尽管你拥有某块土地的所有权，但你行使权利的空间不是无限的，而是受到其他因素的制约，如你不能用它来生产大麻等毒品，也不能从事危害他人权利的行为；④ 分割性，指特定的财产权利可以按着不同的方式进行分解，最常见的是所有权和经营权的分离；⑤ 可交易性，即产权可以在不同的主体之间流动，产权的可交易性是资源得以高效配置的前提和基础，由于产权的流动，资源配置将向高效益方向流动，进而提高了资源的利用效率①。

水权是产权理论渗透到水资源领域的产物。综观国内外，水权尚未有一个“权威”的定义，但是，水权与一般的资产产权不同，具有明显的特征，主要表现在以下几个方面：

(1) 水权的非排他性

我国《宪法》规定，水资源归国家或集体所有。这样导致水权二元结构的存在。从法律层面上来看，法律约束的水权具有无限的排他性，但从实践上来看，水权具有非排他性，这是水权特征之一。我国现行的水权管理体制存在许多问题，理论上水权归国家或集体所有，实质上归部门或者地方所有，导致水资源优化配置障碍重重。以长江为例，尽管成立了长江水利委员会代理水利部行使权利，并且在长江水管理上发挥了积极的作用，但水资源开发利用各自为政的现象没有从根本上得到改观，“水从门前过，不用白不用，多用比少用好”等观念长期驱动人们的用水行为，引起更大的生态环境问题。因此，国家水资源拥有的产权流于形式，水权强排他性转化为非排他性。

(2) 水权的分离性

根据我国的实际情况，水资源的所有权、经营权和使用权存在严重的分离，这是由我国特有的水资源管理体制所决定的。在现行的法律框架下，水资源所有权归国家或集体所有，这是非常明确的，但综观水资源开发利用全

---

① 姜文来:《水权及其作用探讨》，载于《中国水利》2000 年第 12 期，第 13～14 页。

过程，国家总是自觉地或不自觉地将水资源的经营权委授给地方或部门，而地方或部门本身也不是水资源的使用者，通过一定的方式转移给最终使用者，水资源的所有者、经营者和使用者相分离，导致水权的非完整性。

(3) 水权的外部性

外部性，也称外部效果，是指那种与本措施并无直接关联者所招致的效益和损失。例如，工厂排放的污水，污染了江河，使渔业受到损失，对于受害者而言，这是一种负效果。

水权具有一定的外部性，它既有积极的外部经济性(效益)，也有消极的损失。我们以流域为例，如果上游过多地利用水资源，就可能导致下游水资源可利用的减少，甚至江河的干涸，给下游带来一定的损失。同样，在某一地区修建大型水库，由于改善了局部地区的小气候，可能给周边地区带来额外效益，如增加旅游人数，为当地提供一定的就业机会等。

(4) 水权交易的不平衡性

由于我国的水资源归国家或集体所有，水权的交易是在所有权不变的前提下使用权或经营权的交易。交易的双方是两个不同的利益代表者，其地位是不一样的：一方通常是代表国家或集体组织行使水资源的管理权，它出让产权；另一方则是为了获利的水资源经营者或使用者，产权出让者可以凭借政府的良好形象或者权威对出让的产权施加影响，而且他们具有垄断性，而购买者则不具备这样的优势，他们只能被动地接受这种影响。特别是水权交易在另一情况下变得更加不平衡，如由于商业欺诈或者腐败的原因，水权可以通过不正当的手段获取，尽管这只是一种特例①。

3.1.2 物权理论

用益物权作为以物的使用收益为内容的物权，随着以物的利用为核心的物权观念的确立，已成为现代物权制度的核心。特别是在我国大部分自然资源所有权的转让为法律所禁止的现实情况下，按照市场规律的要求，通过用益物权制度优化自然资源配置，提高自然资源利用效率，就显得尤为重要。用益物权是对他人所有的物在一定范围内进行占有、使用、收益、处分的他物权。其特征为：

---

① 姜文来：《水权及其作用探讨》，载于《中国水利》2000 年第 12 期，第 13～14 页。

(1) 用益物权以对标的物的使用、收益为其主要内容,并以对物的占有为前提;

(2) 用益物权是他物权、限期物权和有期限物权;

(3) 用益物权是不动产物权;

(4) 用益物权主要是以民法为依据,但也有以特别法为依据的。

由于传统用益物权的上述特点,它具有适用于水资源利用、收益和处分的极大潜力。水权与传统的用益物权的区别在于:① 水资源的使用权也以对标的物的使用、收益为其主要内容,但其实际行使并不一定以对水资源的实际占有为条件;② 水资源使用权的标的物是动产物权;③ 水资源的使用权以特别法《水法》为依据,但在《水法》没有规定的地方,适用《民法》的相关规定。鉴于水权与用益物权之间的上述区别与联系,把水权定位于一种新型用益物权,核心在于其完全具备传统民法理论中用益物权对他人之物使用和收益的基本特征而又有所拓展,也正反映了物权法从"归属"到"利用"的现代发展趋势。而将水权定位为非所有人依法对于地面水和地下水所享有的一种用益物权,又可使水权在以下几个方面具体发挥其制度价值:① 对所有人而言,水权可以成为实现水资源所有权的方式和途径。所有权人可以在保留水资源所有权的情况下,通过约定设立水权,移转对水资源使用、收益的权利并取得相应的对价。② 从非所有人方面而言,水权是利用他人财产的有效手段。非所有人可以通过与水资源所有权人签订合同取得水权,并依据法律规定和合同约定对之使用或收益。③ 有利于水资源生态环境价值的实现。

物权是一种对世权,可以对抗一切人,包括所有人在内。水权是一项独立于所有权的权利,即是水权所有者对于水资源的使用、收益以及未来行为的预期。政府对水权的管理也只是出于公共利益的需要,根据《物权法》来进行管理,而并非是根据所有权来进行管理,用益物权的创设就是为了取得稳定的、法律赋予的独立的权利,非经法律程序不得剥夺,同样非经法律程序不得取得①。

① 崔建远:《水权与民法理论及物权法典的制定》,载于《法学研究》2002年第3期,第37～63页。

3.1.3 水资源管理理论

陈菁提出了水管理形态与水利用形态理论。①② 她认为水管理分为三个层次，即：① 水资源的管理，由国家及政府部门、流域机构制定法律、法规，对水资源进行管理、配置、保护、调整；② 供水系统的管理，由特定的部门或机构对水利设施进行管理运用，向用水部门供水；③ 用水部门的管理，由用水部门对获得的水进行有效的管理使用。水权的初始分配以第一层次为对象进行阐述。

如上所述，水管理与多种因素相关，形态复杂多样，若将起决定作用的因素进行抽象，则可简化为：管理者与利用者之间的关系，即“纵向关系”，以及利用者与利用者之间的关系，即“横向关系”。

（1）水管理形态

上述“纵向关系”可以称之为水管理形态。这是一个反映水管理体系整体特征的概念，按照中间管理组织的有无又分为一元的水管理形态和多层的水管理形态两种。一元的水管理形态是指由单一的管理组织进行一贯到底的水管理形态。多层的水管理形态是指两层或多层的管理组织进行管理的水管理形态。

水管理形态按照纵向关系所具有的性质又可归纳为统制型水管理、自治型水管理、契约型水管理和信托型水管理等四类，并分别作了如下定义：

统制型水管理——政府机关及特定的第三者持有对水的管理责任与绝对的权力，用水者不参与管理的水管理形态。

自治型水管理——用水者同时作为管理者对水的分配调整、设施的维持管理、纷争的解决调停等进行独立完善的自主管理的水管理形态。

契约型水管理——对水的管理持有责任与权限的管理者与用水者之间通过明确的权利与义务的界定，按定价供水、市场运作的水管理形态。

信托型水管理——这是一种新的管理模式。在用水者持有水权的前提下，用水者的集合体将水的管理委托给专门技术集团，并使之按照用水的目的与要求进行管理的水管理形态。

---

① 陈菁：《水管理体制基本概念的整理及分类》，载于《中国水利》2001 年第 3 期，第 25～26 页。

② 陈菁：《流域水资源管理体制初探》，载于《中国水利》2003 年第 1 期，第 29～31 页。

(2) 水利用形态

前述的“横向关系”,可称之为水利用形态。根据用水者之间关系的性质不同,又有共同型水利用、协同型水利用、独自型水利用、独占型水利用等形态。它们的定义如下:

共同型水利用——用水者作为个体不能独立,自由的水利用受到制约,必须服从用水者集团利益的水利用形态。

协同型水利用——用水者在实现了独立用水的同时,作为用水者组织的成员,在水的分配调整、设施的维修管理、自身利益的维护上,通过协商协议使全体成员协同一致的水利用形态。

独自型水利用——用水者之间不发生以水为媒介的关系,而由用水者独立与管理者直接发生关系的水利用形态。我国目前的城市用水户之间的关系就是这种类型。

独占型水利用——用水者作为独立的个体对水进行开发、利用、管理的水利用形态。

(3) 水管理体制

水管理形态与水利用形态的相互组合(也就是横向关系与纵向关系的组合)就是水管理体制(见表 3-1)。运用以上定义进行分析归纳,就能得出各种水管理体制的类型。初始水权的分配要基于合理的水管理体制才能得以实现。

表 3-1　　　　水管理形态与水利用形态

<table>
<tr><th></th><th>一元的水管理</th><th>多层的水管理</th></tr>
<tr><td rowspan="4">水管理形态
(纵向关系)</td><td>统制型</td><td rowspan="4">统制＋自治
契约＋自治
信托＋自治
自治＋自治
契约＋契约
……</td></tr>
<tr><td>自治型</td></tr>
<tr><td>契约型</td></tr>
<tr><td>信托型</td></tr>
<tr><td>水利用形态
(横向关系)</td><td colspan="2">共同型
协同型
独自型
独占型</td></tr>
</table>

3.1.4 经济学基础

经济关系是人类社会最基本的社会关系，它决定着人类社会关系的主要方面。因此，经济学作为研究人类经济活动的科学，对人类的诸多社会实践活动产生着深远的影响。构建水权制度也离不开经济学理论的支撑，水权制度的产生、发展都有其深厚的经济学背景。探究农业水权制度的经济学理论对构建科学的农业水权制度具有重大的指导意义。

(1) 资源的稀缺性理论

资源稀缺性是从经济学角度考察得出的资源的一大特征。按照经济学观点，资源稀缺性是指一定范围内现有的资源总量相对于人们对资源的总需求呈现出供不应求的现象。从理论上讲，资源的稀缺性有两重表现形式：一是物质性稀缺；二是经济性稀缺。即资源在绝对数量上是可以满足人类的总需求，但由于开发资源一定量的经济投入所得的资源是有限的，因而不能满足人们对资源的需求，这种稀缺又称为相对稀缺。我国水资源同样存在稀缺性问题。我国水资源总量居世界前列，但人均占有量却相当贫乏。这种水资源的稀缺属物质性稀缺。从地区分布来看，我国水量南方多北方少，北方水资源总量少，属于物质性稀缺；南方虽然水资源比较丰富，但由于水资源浪费大，水污染严重，仍然呈现水资源不足的现象，开发水资源的产出仍然不能满足日益增长的需求，因此属于经济性稀缺。水资源的稀缺性迫使我们采取措施保护现有的水资源，防止水资源污染和破坏，加大经济投入开发潜在的水资源，并大力开展节约用水，避免不必要的水资源浪费，提高水资源的利用效率。为此，建立以保护农业水资源、明晰水权、保证水资源供给为核心任务的农业水权制度是当前的一大要务。

(2) 外部不经济理论

外部不经济(external diseconomy)理论起源于英国经济学家马歇尔的“内部经济”和“外部经济”理论以及庇古《卫生经济学》中的“外部性”概念①。它是福利经济学提出的一个重要概念。在西方经济学中，经济外部性理论通常被用来解释环境问题的形成。日本经济学家植草益认为，外部性是某

① 汪劲：《环境法律的理念与价值的追求——环境立法目的论》，法律出版社2000年版，第164页。

个经济主体生产和消费物品及服务的行为不以市场为媒介而对其他经济主体产生附加效应的现象。① 因而外部性是排除在市场作用的机制之外的经济活动的副产品或副作用，主要是指未被反映在产品价格上的那部分经济活动的副作用。产生的附加效应为积极的，称为外部的经济性；产生的附加效应为消极的，称为外部的不经济②。

水资源的外部性源于水资源作为自然资源的公共物品性质。水资源的公共性决定了任何人都对其享有合理的使用权利。在水资源总量一定的情况下，所有水的使用者都力图扩大自己的生产规模，从而导致使用水量相应增加，其增加的量要求别人以用水量减少负担。每个用水者增加一定的量，就意味着用水总量增加，而可供利用的水资源总量是不变的，当所有用水者的用水总量超过可供利用的水资源总量时，其结果是用水者的需要都不能得到满足，生产无法继续，被迫减少各自的用水量。外部不经济性理论要求建立一套完整节约和保护水资源的约束机制，促使各生产者将自己生产经营的外部性内部化，即自己的生产活动带来的水资源污染成本自行承担，自己增加取水量的代价自己负担，而不向其他的主体转嫁，以实现节约用水、提高水资源的利用效率，达到保护水资源、充分合理利用水资源的目的。

(3)“经济人”理论

“经济人”的思想内涵是由亚当·斯密最先完整表述出来的，它包含三层意思：一是每个人天然地是他自己利益的判断者，自我利益最大化是“经济人”行动的唯一动机；二是每个人在追求自己的私利时又不得不考虑他人私利，否则就难以实现自己的最大利益，正是这一点构成了交易的前提；三是当每个人都能自由地选择某种方式追求自己的最大利益时，一只“无形的手”会将他们对私利的追求引导到能够为公共利益作出最大贡献的途径上去，这只“无形的手”就是分工基础上的市场和竞争。亚当·斯密整个经济理论体系就是从“经济人”出发建立起来的。他认为每个人都只考虑自己的利益，但又需要取得他人的帮助。任何人都不会白白地帮助他人，只能在互利互惠的基础上互相帮助。

---

① [日]植草益著，朱绍文等译：《微观规制经济学》，中国发展出版社 1992 年版，第 11 页。

② 黄桂琴：《论排污权交易制度》，载于《河北学刊》2003 年第 3 期，第 202～204 页。转引自黄锡生：《水权制度研究》，科学出版社 2005 年版，第 59 页。

“经济人”假设的思想对水权制度建设具有重大的实践意义。所有的人都是理性的，都只能在互利互惠关系中帮助别人，实现自己的最大利益。这就为水权制度的设定提出了更高的要求。

(4) 水权制度的经济学意义

外部效应的普遍存在，使得经济活动中当事人的绩效不仅取决于自己的努力，而且受到他人行为的影响。作为市场主体的每个经济人都具有自利性，同时由于市场信息的不完全和不对称等因素的存在，往往会诱发自利的经济人的机会主义行为，这就要求有一套公正、合理的、健全的并得到社会权力机构保证实施的制度来规范和指导每个经济人的行为：一方面提供一套健全的机制来保护每个市场主体的平等权利和合法经营；另一方面加强对非理性的或者非法的牟利行为的打击和惩治，增加其行为的成本和风险，从而抑制不合理经济行为的继续发生。

3.2 国内外研究现状

水资源短缺是全世界必须面对的问题。世界各国的社会与经济，都受到了水资源供需矛盾的影响。在社会经济发展遇阻的同时，发生了越来越多的水资源纠纷，大大威胁了国家的安定。鉴于此，在许多国家都已经对水权展开了研究创新。如今在全世界范围内，研究探索水权制度的国家已经逐渐增多。美国、日本等国家在水权制度研究与建设方面已经取得了值得我国借鉴的有益成果。

3.2.1 国外水权制度研究现状

水权制度在其他国家较早得到了研究实践。20 世纪 70 年代，水权的理论出现萌芽，一直到 90 年代水权的讨论盛行。各个国家拥有不同的水资源特点，经济发展水平也不尽相同，科技和文化层次有所区别，再加上不同的社会意识形态，这一切都对水权制度的研究发展在各个国家的进程产生了不同影响。而在学者们对水权制度进行理论研究的同时，他们善于将当地水资源的管理实际经验与理论相互借鉴，最后研究出适应各自国家的水权制度。

在有关于水权制度的研究方面，全世界范围内的研究与发展都还处于比较不成熟的阶段，因此，水权制度方面的实例研究成果比较成熟的还不多。经分析，这些有限的研究成果发现，目前还没有任何国家的水权制度研究比较完善，更没有在实践中得到成熟的运用。在水资源供需情况因为社会发展迅速改变至如今状态下，这些曾经一度适应时代与国情、促进水资源管理革新的水权制度理论，已经逐渐难以跟上新时代可持续发展的脚步。新时代对水权制度的完善与创新上的要求，在这样的时代背景下显得愈发具有关键意义。

3.2.2 我国的水权制度研究

中国古代没有“水权”这个名词，它是近代才使用的。这并不说明中国古代不存在水权问题，不存在调整用水关系的法律和政策。相反，中国古代在解决水权问题上有其独特的概念、连续的法律、大量的判例，还有见诸地方志记载的习惯法。

中国封建社会水的所有权不同于土地所有权，土地所有制基本形态为私有制，绝大部分土地为地主占有，农民少地无地；江河湖泊属于国家所有，不许私人占有。东晋咸康二年（公元336年）颁布的《壬辰诏书》规定“占山护泽，强盗律论。赃一丈以上皆弃市”（《宋书·羊玄保传》），论罪极为严厉。唐宋法典《唐律疏议》《宋刑统》都有这样的律文：“诸占固山野陂湖之利者，杖六十。”南宋敕令首次提出保护“众共溉田者”的“潴水之地”的明确概念，规定：“诸江河、山野、湖塘、池泺之利与众共者，不得禁止及请佃、承买，监司常切觉察。”“潴水之地众共溉田者，官司仍明立界至注籍。”“诸潴水之地，谓众共溉田者，辄许人请佃、承买，并请佃、承买人，各以违制论。许人告。未给未得者，各杖一百。”（《庆元条法事类》）《大明律》《大清律》不仅规定惩处盗决、故决河防犯罪，还规定了惩处盗决、故决民间圩岸陂塘犯罪。其法理很清楚，既为了保护防洪安全，又为了保护公共灌溉。就盗决、故决圩岸陂塘而言，犯者为自己用水而“决”，称为盗决；抱有报复、嫁祸于人的动机而“决”，称为故决。盗决、故决圩岸陂塘等公共渠堰，侵犯了众人的公共使水权，都属于犯罪行为。清代还规定保护私人修建的蓄水池塘渠堰，“如有各自费用工力，挑筑池塘渠堰等项蓄水以备灌田，明有界限，而他人擅自窃放以灌己田者，按其所灌田禾亩数，照侵占他人田亩例治罪”（清《户部则例》，转引自《中华律令集成》清卷）。由此可见中国古代历代都制定法律来调整水的所有权和使用权，调整用水关系。

中国古代水的使用权，主要是指农田灌溉使用权，同时还有漕运使用权、城市用水使用权、水磨使用权等。有无使用权其界线是很清楚的。首先，在同一水源引水的独立渠堰、村庄都必须经官府批准、立案，或发生水利纠纷，经官府判决，确认了水使用权，成为合法的水权单位。其次，南北各地渠堰都有渠册、河册、水册，名称大同小异，内容都包括引水地点，进水口斗门尺寸、引水时间及渠堰内部轮灌期的排单，还有用水人户花名册、灌溉田亩册等。渠册或河册、水册需要在县衙门盖大印，作为水权的凭据。入册的人户有水的使用权，称渠民、在渠人户、入夫人户、水户、使水人户、利户等，其入册耕地称入渠地亩、在册地亩、堰亩、正亩、水亩、入夫地亩、受水地亩等，各地叫法不一。

经过几十年的发展，我国水资源利用管理法律制度取得了巨大的成就，已经形成以《宪法》为统帅，以《环境保护法》《水法》《水污染防治法》《水资源保护法》等基本法为支撑，以行政法规、部门规章为补充的相对完备的水资源利用管理法律体系。水资源利用管理体制逐渐统一，水资源利用理念从传统走向现代，从工程水利走向资源水利，水权制度框架逐渐完善。国家对水资源利用与保护愈发重视，2011 年中央一号文件更是提出要建立“最严格的水资源管理制度”。2012 年 1 月，国务院发布了《关于实行最严格水资源管理制度的意见》。与此同时，市场经济发展的浪潮下，水资源作为一种稀缺性经济资源也试图利用市场机制来实现资源的高效利用，水权制度以及水权市场的探讨日益盛行。我国长久以来通过行政命令进行分配和使用的水资源利用管理体制与生产要素全面市场化的社会背景之间产生摩擦，水权与水市场的深入研究以及水资源利用管理体制的变革是我国当今水资源利用面临的巨大难题。

水权制度是在水资源利用管理发展过程中，随着用水需求增加而逐步出现的一种规范化、体系化的管理模式，是一种与市场经济体制相适应的水资源管理手段。水权制度的起源和变迁与水资源的稀缺程度紧密相关，水资源供给充沛时期，水资源的利用一般采取即取即用方式，在长期取用水实践过程中通过对用水习惯与水文状况的综合考量，自发形成一系列与水权益有关的制度安排。随着用水需求的增加，具有明确产权意义上的水权制度开始出现。实际上，当水资源稀缺到足以让人类为之产生强烈的相互对抗意识时,水权制度就必然会产生。水资源的匮乏导致人类对水资源的使用关系发生改变,从而促进世界各国在立法、司法实践中逐渐建立起现代意义上的水权制度,即有关水资源权益归属的各种制度。

我国水权制度研究起步较晚,水权理论的研究尚处在不断完善阶段,目前讨论较多的是水权内涵、体系等,对分配原则及水权明晰的内在机理、具体方法等均需要作更加深入的研究。近年学术界陆续有基础理论成果出现,从研究的角度来看,大致可以归为三类。

第一类是法学角度的研究,例如,蔡守秋、蔡文灿提出了水权制度重构的设想,具体包括水权的初始分配的原则、程序、具体选择模式,与水权转让相关的法理。崔建远从民法准物权角度探讨了水权的基本理论问题,对水权概念、水权类型、水权与土地权利之间的关系、水权优先权、水权取得条件等问题进行了详尽的阐述,并提出水权是作为准物权的用水权的转让。黄锡生主要研究了经济法视野下水权配置、流转、管理、保护等问题,其主要观点是:水权体系应该是由水物权和取水权作为上位权及其相应的一系列下位权组成的有机体系。裴丽萍着重研究水权交易制度,将可交易谁在权利内容结构上区分为比例水权、配水量权和操作水权。单平基基于水资源国家所有权证成为基础探讨了水权取得及转让问题。蔡永民基于物权法角度研究了水资源的所有权、用益物权和担保物权相关问题。田东奎主要从利用历史分析方法研究了中国近代水权纠纷解决机制。

第二类是经济学方法的研究,如沈满洪以中国水权交易的实际案例为突破口,对水权交易制度进行分析;常云昆从制度经济学视角考察了黄河流域水权制度的历史变迁;王亚华则从经济学角度研究了中国的科层政治与治水之间的关系,并探讨了水管理领域引入市场优化配置水资源的思路是否可行;彭祥、胡和平等引入博弈论方法分门别类地探讨了不同用水权的配置问题。

相对于国外,我国水权制度研究起步较晚。最早在1996年,研究伊始的水权制度并没有引起热烈讨论。形势改变是在进入21世纪以后,水权研究才开始如雨后春笋般扩大开来。而水权制度的研究通过最近时期国家及相关水利部门的积极推动,已经开始发展为科研新重点。

在国内逐渐火热的大环境下,纵然处于水权研究较晚开始的劣势,我国科研工作者凭借顽强的意志与不懈的努力,在水权制度相关理论与实践方面也取得了相当一部分的研究成果。对如今国内的水权研究理论成果加以分析的话，总的来说，其研究进展在一些特定领域上已经达到了一定深度，比如在解释水权的含义、水权的交易等问题上。但是繁杂的问题仍旧是现阶段的水权理论需要攻克的，比如：如何精确科学地界定水权；怎样着手加大水权制度在实践过程中的研究深度；缺乏成体系的水权制度研究方法等。

3.3 有关国家水权制度简述

3.3.1 俄罗斯

3.3.1.1 水权的确定和分配

根据俄罗斯1995年修订的《联邦水法》第三十三条、第三十四条、第三十五条、第三十六条等条款明确规定，水体的归属权在俄罗斯的国境之内，被划分为三种类别：国家所有、地方所有以及个人所有。从总体上看，归于国家所有的水体，主要是处于俄罗斯及俄罗斯联邦各州的各种类别水体，在处理这些类别的水体所有权、使用权等时，也自然必须通过俄罗斯及其联邦各州政府或部门的共同商议来决策。而对于允许划归地方所有，或者可以个人所有的水体，是那些分散在地方、不连成水系也不影响其他水体的、容量及面积相对很小的独立水体。在俄罗斯，国家相关水法律定义了水体的使用权，根据规定其包括了长期、短期以及有限期三种形式的水资源使用权。所有权归于俄罗斯联邦的所有江河湖海这些水体的调度与配置权力，都属于俄联邦政府及其相关下属部门。俄联邦规定各州使用属俄联邦所有水体的用水配额（需水量和排放量），俄联邦各州按照其所得到的联邦所属水体的用水配额和州区水体本身的用水限额，将水资源的使用额度分配给农民等用水主体，并将不同期限的水资源使用权，按照取水途径、用水体量以及水资源生态等不同因素，配置给这些用水的主体。一般来说时间在3年以内的就是属于短期使用权，而期限超过3年不到5年就属于长期使用权。

3.3.1.2 用水许可制度和使用权制度

在俄罗斯，用水许可证以及根据其签订的使用水体契约是用水主体获得水体使用权的共同法律根据，根据俄罗斯《联邦水法》相关规定，只有在拥有用水许可证和签订使用水体的契约两个条件同时都满足的情况下，用水主体才可以在所拥有的水体当中取用水资源或者从事商业上的活动。这两项法律依据表明，水体的使用权有效的主要依据，还是国家部门通过特别授权水资源开发利用与保护的管理单位所发放的用水许可证。而水体的使用权得以生效，通常是在国家相关部门登记水体使用契约之后。用水户与俄联邦各州的权力部门，在对某一水体或者其非全部开发、利用和维护等方面达成一定的协议，这种协议就是水体使用契约。当行使水体的使用权时，遇到该水体在俄联邦若干个州的辖区内同时都有分布的情况时，就要通过与这些相关州的权力机关签订水体使用契约，这种情况下水体使用契约也可以通过在相关各州共同决策达到一致解决方案后，再和其中任何一州签署。这些水体使用契约在签订之后，会由相关部门做好登记归档，由国家权力机关监督管理。

3.3.1.3 使用权的转移和终止制度

水体使用权在用水户失去生命，或者法人用水户改组时，根据俄罗斯《联邦水法》，可按法律相关规定的流程从其原先拥有者进行转移或者过户。除此之外，水使用权在用水户间是可以流转的，通过俄罗斯《联邦水法》可知，在向国家相关部门申请转让之后，水体使用权便可以从原拥有者那里转移到他人。但是这种形式的水权流转必须满足转让双方的用水者是在满足个人需要的用途上用水，并且这一用水目的在水权的转移过程中不存在改变。另外，申办一份专门调度处理水体使用权的专项任务许可证，是将水体所有权从原拥有者过户到他人时所必需的。俄罗斯《联邦水法》规定了用水许可证的法律地位，其代表了对水体使用权的最高法律证明。因此水体的使用权将会在用水主体注销其用水许可证的那一刻起，即刻宣告丧失。

3.3.2 美国

与俄罗斯不同，美国的水体所有权不是直接属于国家所有，而是被分配给全国各个州所有。但是，在国家层面上，美国中央政府对地方各州的政府行使的水权是具有影响力的，并且有权力对其作出调整。地方各州的政府对各自的水权进行管理，各自的管理方法以及管理依据的法律也不相同。各州拥有独立的对水资源的立法权，因此其拥有各自不同的《水法》。这些不同《水法》在水权的规定上有所不同,有的州根据用水主体对水体优先占有的原则赋予用水者使用权,比如犹他州、俄勒冈州等。比如,根据俄勒冈州的《水法》,在排除掉一些特殊的情况之外,公众对所有水资源拥有所有权,只有在通过当地水管部门那里获得了许可或者水权之后,包括企业等在内的所有用水主体才可以从这些地点各种类别的水源中获取水资源。

3.3.2.1 水权制度

在美国,其进行水资源开发、水资源配置以及相关管理的基础即是水权制度。美国的水权是一种私有权,属于公民的私有产权并且这一点由法律所保护,而相应的美国水权制度同样是以私有制为基础建立的。早在殖民时期,美国就制定了河岸法来进行水资源的法律规定,那时候的泆律规定,水权的拥有者是与水体相邻的土地所有者,而且那时候的水权是无法转移的。19 世纪后,优先占用原则的水权法律,开始首先出现在美国干旱的西部地区。这些地方的水权法律,通过河岸权原则和惯例水权原则的主要内容加以修改完善而成。在这地方的法律规定中,用水权是允许被售卖转让的。首先由各州政府决策确定用水主体之间的用水权的优先次序,在优先次序排序上靠前的用水主体拥有选择将用水权卖给次序比他靠后的用水主体的权力。反之,在优先次序上靠后的用水主体也能够主动购买次序靠前用水主体的用水权。在水权的利用上,美国州政府也有规定,比如某些州会规定水权或者其中一部分将会在连续的 5 年及以上未被使用的情况下被政府回收,并由政府将其分还到公共所有。而且水权回收一旦成立,此水权的撤销即使是在水权拥有者重新开始取用水的情况下,也不会被撤回。被没收的水权根据相关州的法律规定,恢复其的使用是不能恢复该水权的拥有权的,如同就未存在过这部分的水权一样。当然,如果遇到了严重的干旱灾情或者受到了联邦的撤销计划等情况,是不会没收这些超过 5 年以上未使用的水权的。

3.3.2.2 水权分配

美国有两种水权的分配形式,一种是州内水权分配,而另一种是州际水权分配。对于其州内的水权分配,经过用水主体向州水资源管理部门提出书面申请之后,由水资源管理局向其发放相应的用水许可证。而对于州际水权,各州之间通常都会制定相关的分配水协议,地方的法庭或者国会也根据各州之间水资源配置的情况制定了相关专门的法律，对州际水权分配进行法律支撑。一般情况下，用水主体对水体使用权向相关水管部门提出书面申请，如果这份申请被批准通过，那么申请的用水主体将会收到申请通过的通知，书面申请也随即被政府归档。而根据这个归档的时间顺序，决定了用水主体对水资源使用权的优先性次序。当然，不是所有申请都会被顺利通过，一般都会通过召开听证会的方式，对没有得到一次通过的水权申请作出听证并进行决策。最后决策通过的申请者即会成为专门水权的享用者，并且获得相关水资源管理部门下发的水资源使用许可令。

3.3.2.3 水权转让

在水权转让的标准流程上，美国的法律规定，转让水权通常是肯定要让各州的水利部门或者其法院批准后才能执行的，而且在这之前还一定要经过一段时间的公告期，这一形式的处理上有点像是法律对不动产的规定。在水权交易的发展时间上，美国西部拥有比较领先的成果。美国西部形成了一套先进的水权交易体系，以水银行代替政府进行水权的配置与交易。在促进水权交易平台成熟，排除转让水权过程中可能遇到的制度障碍，美国西部率先推进了水资源法律改革。其率先将股份制的经济制度带入水权的经营管理，被分成若干份的年水量按照股份化的水权形式，受到管理与经营。这不但大大简化了水资源配置过程中的交易程序，而且明确了水权作为水资源在经济属性上的价值。在美国，当用水主体用水过程中，运用节水措施，把水资源节约下来，这些节余的水资源可以被其他用户利用，而该用水户还可以相应地得到补偿。

3.3.2.4 美国犹他州水权简介

美国犹他州在 19 世纪 40 年代末期逐渐得到了开发，在快速的发展过程中，水资源逐渐短缺，并对灌溉农业开始造成不良影响。在此前提下，最优利用效率原则逐渐被人们确立起来。在这套原则中，如果用水户能够首先对水资源加以有效高效的利用，那么他将继续拥有优先于比他后来者的使用权的权力。本书前面所提到的优先占用原则，指的就是上述这套原则。这样一来，根据优先占有原则，如果用水户优先注册了对水权的行使权，那么之后注册的用水户必须在他优先选择是否从该水体中取水之后，方可取用。

所有水资源在美国犹他州按照法律都属于公共财产，当地水权指的是使用水资源的权利，它基于水量、水源、优先权日期、使用性质、引水地点、自然有益地等几个方面利用水资源。

在刚刚进入20世纪时，水权的取得是依靠用水户根据水法向各州工程师提出申请来获得的。而对于地下水引水利用进行法律规范这一点，出现于19世纪30年代。

3.3.3　农业水权分配的新近国内进展

3.3.3.1　理论进展情况

近来，理论界和水利及其相关部门对水权进行了大量的研究，农业水权作为水权制度的重要组成部分，在基础理论和制度框架上也有了较多的积累和一定的突破。理论界从法学的角度对水权制度的性质予以确认：水权是具有公权性质的私权，水权的公权性质是由水资源的性质和水资源国家所有权决定的；而水权的私权性质是指水权是一种新型用益物权。对水权制度法律性质的确认有助于对水权的权利主体、客体、内容以及财产性质、归属、利用等方面加以认定①。此外，理论界根据水权在不同阶段的特征，对水权的阶段性进行对比分析，将水权划分为区域取得水权阶段、用水户取得水权阶段、水权流转阶段，水权不同阶段的划分，直接关系到建立和实施水权制度中相关主体的事权划分，以及相应的制度建立和政策的制定②。在制度层面上，《中国水权制度研究》报告根据我国水权制度建设需要，提出了我国水权制度由所有制度、使用制度和流转制度组成，这种理论上的创新对我国水权制度建设具有重要的参考价值。此外张掖市节水型社会建设中农业水权中“水票”的应用也具有重要的实践意义。农业水权作为水权制度的重要组成部分，此基础之上也有了一定发展。农业水权就是服务于农业生产活动的水资源权利总和，包括农业水资源的所有权、使用权和经营权③。农业水权的界定和特征，农业初始水权的分配也仅仅是初步研究。近年来，由

---

① 贺骥：《论水权的法律性质》，载于《水利发展研究》2005年第2期，第22～25页。

② 李晶、王晓娟、胡昌明：《水权不同阶段对比分析》，载于《水利发展研究》2005年第1期，第38～40页。

③ 李闽峰：《关于农业水权的几点认识》，载于《水利发展研究》2003年第7期，第15～18页。

于农业水资源的低效率利用，出现大量农业用水“农转非”的现象，农业水权的深入研究就显得尤为重要。首先，农业用水量偏大而利用率低是农业用水转化的内在原因，城市化水平提高和工业经济的迅猛发展是农业用水转化的外在动力①。有学者提出利用水价机制，实现农业用水使用权转让补偿，以减少农业用水转化对农业生产造成的冲击。② 此外，有学者从经济学角度分析农业水权的内在机理，通过农业水权制度的形成更为切实地保障农民利益。③ 但综观我国农业水权的制度建设现状其相关问题的深入的研究成果却较为少见，系统、全面论述农业水权制度的研究基本空白。

3.3.3.2 实践应用

水权交易是运用市场机制优化配置水资源的重要手段，水权交易所是水权交易规范高效开展的支撑平台。党中央、国务院的一系列重大决策部署，为培育水市场、组建中国水权交易所指明了方向。严峻的水情对加快水权水市场建设提出了迫切要求。同时，2000 年以来，浙江、宁夏、内蒙古、福建、甘肃、新疆等地开展了水权交易实践探索。2014 年，水利部在宁夏、湖北、江西、内蒙古、河南、甘肃、广东等 7 个省(自治区)开展了水权交易试点。

中国水权交易所的性质是股份有限公司；注册资本 6 亿元人民币，出资方式全部为货币；出资人共 12 家，主要包括水利部综合事业局所属 3 家企业、水利部 7 个流域管理机构所属 7 家企业、北京市 2 家企业；交易所业务范围是组织引导符合条件的用水户开展经水行政主管部门认可的水权交易，以及开展交易咨询、技术评价、信息发布、中介服务、公共服务等配套服务。

(1) 黄河、黑河水量统一调度方案的实践

1998 年国务院批准的《黄河可供水量年度分配及干流水量调度方案》和国家发展计划委员会批准的《黄河水量调度管理办法》，主要是为了加强

---

① 杨路华：《关于农业用水转化的认识》，载于《中国农村水利水电》2003 年第 2 期，第 14～16 页。

② 刘杰、姜文来、任天志：《农业用水使用权转让补偿机制研究》，载于《中国农业资源与区划》2001 年第 6 期，第 45～47 页。

③ 赵海林、赵敏、郑垂勇：《我国农业水权制度改革探讨》，载于《经济问题》2004 年第 4 期，第 58～60 页。

黄河水量管理工作的正规化、规范化保证防洪防凌安全，同时最大限度地发挥黄河水资源的综合效益，统筹上中下游用水，对黄河水量实行统一调度，总量控制，以供定需，分级管理，分级负责，并实施年度水量分配和干流水量调度。黑河水量调度方案的实施，是在黄河水量分配基础上的进一步工作。

(2) 东阳义乌水权转让

东阳义务水权转让是我国水资源使用权转让和转换的实践探索。东阳市和义乌市均隶属于浙江省金华市，同在钱塘江支流金华江一带，二者处于上下游的相对位置。东阳市水资源相对丰富，而义乌市市区现有供水能力严重不足，市属的水库供水潜力有限，区域水资源相对缺乏，迫切需要从境外开辟新的水源量约 5 000 万 m^3，以满足城市发展用水需求增长的客观需要。

2000 年 10 月水利部领导关于“水权和水市场”的讲话促进了东阳和义乌探索通过水权交易配置水资源，解决义乌用水问题。经过充分论证和协商，双方于 2000 年 11 月 24 日签订了有偿转让横锦水库部分用水权的协议。义乌市用 2 亿元水利建设资金购买东阳横锦水库的 5 000 万 m^3 水资源使用权，并将以与东阳市同等的水价支付实际引用水费用。

(3) 宁夏、内蒙古水权转换

宁夏回族自治区大坝电厂三期扩建工程需要每年 1 500 万 m^3 用水，但由于宁夏地区的水资源紧缺，无法解决这一用水需求。经与青铜峡河东灌区共同磋商，大坝电厂将投入近 5 000 万元，用于衬砌青铜峡河东灌区 49.8 km 的渠道。作为回报，青铜峡河东灌区每年节约的水量将有偿转给该电厂。

(4)《黄河水权转换管理实施办法(试行)》的实施

为规范水权转换审批权限、程序，保障水权转换效果，2004 年 6 月 30 日黄河水利委员会出台的《黄河水权转换管理实施办法(试行)》正式实施，标志着黄河水权转换全面启动。《黄河水权转换管理实施办法(试行)》规定了总量控制原则、统一调度原则、水权明晰原则、可持续利用原则、政府监管和市场调节相结合原则等，以及水权转换审批权限和程序、技术文件的编制、水权转换期限与费用、组织实施、监督管理和法律责任等。

(5) 松辽流域水资源使用权初始分配

在东北的松辽流域，水利部水资源司、政策法规司与松辽水利委员会联合开展了“松辽流域水资源使用权初始分配”6 个专题研究，旨在通过系统研究为今后全面开展松辽流域水资源使用权初始分配工作奠定基础，同时与内蒙古、宁夏黄河干流水权转换工作衔接配套。在大凌河流域开展初始水权分配试点工作，是水权制度建设的一次尝试，将促进流域内水资源的有效利用，解决水环境恶化和上下游、左右岸争水等问题。

(6) 平顶山市—新密市跨流域水权交易

2016 年 6 月 28 日，河南省内首宗跨流域区域水权交易暨平顶山市—新密市区域水权交易在中国水权交易所开业活动上正式签约。交易水量 2 400 万 m^3，期限为 3 年，采用协议转让的方式进行。目前交易已进入试通水阶段。见图 3-1。

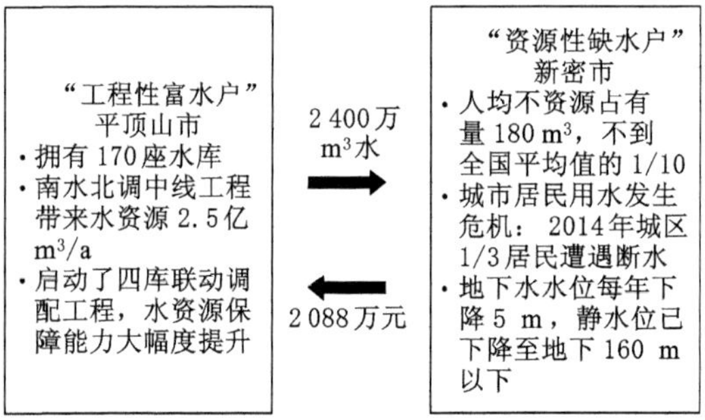

图 3-1

缺水的新密市急需“解渴”，而受益于南水北调中线工程的平顶山市，通过大力发展节水还有部分水量结余。2014 年，河南省成为水利部确定的全国 7 个水权试点省份之一，水权交易成为解决新密市缺水难题的契机。开展水权交易是贯彻党的十八大报告“积极开展水权交易试点”、十八届三中全会“推行水权交易制度”的具体实践，也是对习近平总书记“节水优先、空间均衡、系统治理、两手发力”新时期水利工作方针的具体落实。

河南通过本次交易闯出了自己的路子。河南省水利厅通过“明确可交易水量→提出交易申请→开展交易协商→签订交易协议”实现了“四步走”，规范了水权交易从准备到实施再到后续收尾的全过程，如图 3-2 所示。

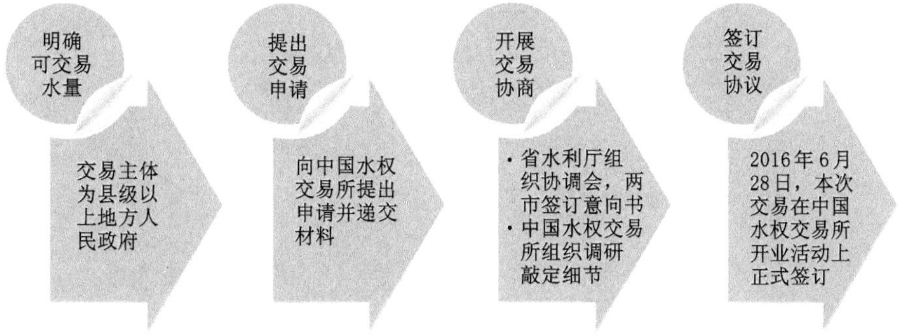

图 3-2

引水工程是水权交易正常进行的硬件前提。本次交易的水量输送分"两步走"：第一步"借力"，借助南水北调干渠和配套工程将水输送到郑州市尖岗水库；第二步"发力"，新建引水入密工程，将水引入新密市。

引水入密工程包括取水工程、输水工程、调蓄工程、水厂工程和供水工程，是全方位的系统工程，已于 2016 年 7 月完成建设。其中，新建了供水规模为每日 5 万 m^3 的水厂，直接向新密市城区供水，解决用水需求。

(7) 永定河上游跨区域水量交易

2016 年 6 月 28 日，同样是在中国水权交易所开业活动上，出让方河北友谊水库、响水堡水库，山西册田水库与受让方北京官厅水库代表成功签约。该单交易是在永定河上游集中输水基础上实施的区域水量交易，目前已完成结算。

始于 2003 年的永定河上游集中输水是本次水量交易的前提和基础，其目的是保障首都供水安全和周边地区社会经济共同可持续发展。2001 年 5 月，国务院批复了《21 世纪初期首都水资源可持续利用规划(2001～2005 年)》，对官厅、密云水库上游的来水量进行明确规定，并成立"21 世纪初期首都水资源可持续利用协调小组"(以下简称协调小组)，办公室设在水利部。2007 年，水利部编制的《永定河干流水量分配方案》获得国务院批复，进一步规范了永定河干流用水秩序。见图 3-3、图 3-4。

2016 年 3 月，中国水权交易所筹建办调研组一行赴河北省、山西省、北京市就永定河上游区域间水量交易进行了调研、座谈，开展了一系列协调工作。同年 6 月，本交易正式签约。

永定河上游跨区域水量交易进展时间轴见图 3-5。

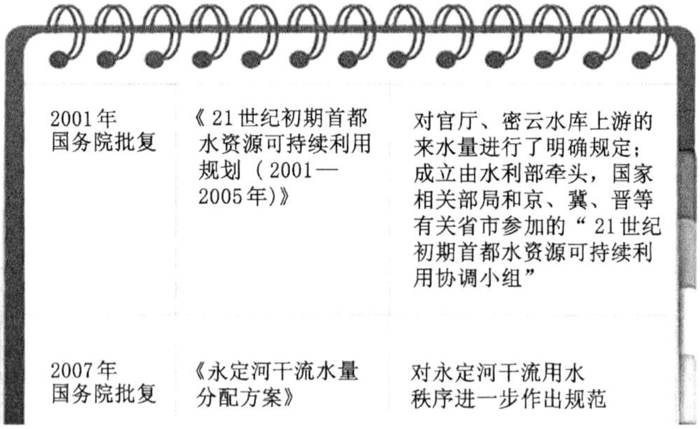

图 3-3

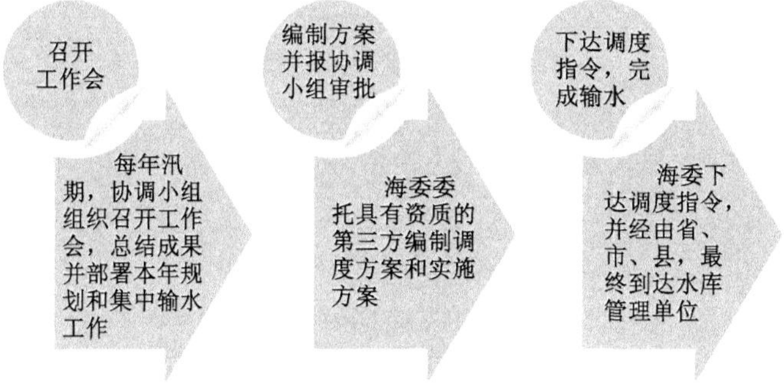

图 3-4

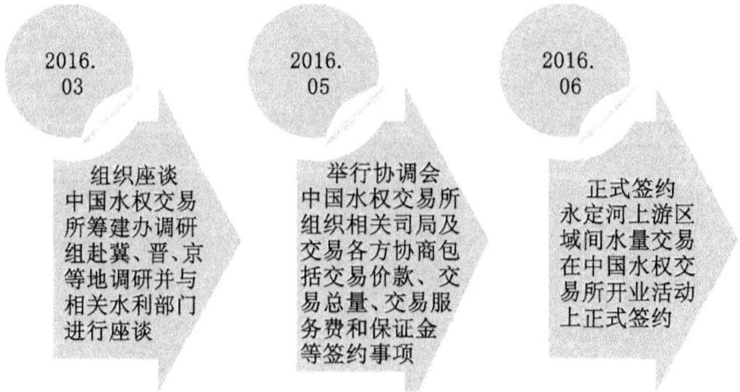

图 3-5

通过权威平台开展跨省市水权交易，能有效避免交易风险，提高效率。专业交易平台为交易各方架桥铺路，在规范程序、规避风险、组织协调等方面具备突出优势。中国水权交易所提供的线上交易平台——水权交易系统，能为区域水权交易、取水权交易等不同类型的水权交易提供便捷的线上交易服务。

(8) 内蒙古盟市间 2 000 万 m^3/a 水权交易签约

2016 年 11 月 30 日，内蒙古荣信化工有限公司、乌海神雾煤化科技有限公司等 5 家企业，通过中国水权交易所，从内蒙古水权收储转让中心获得了共计 2 000 万 m^3/a 的取水权，期限为 25 年。内蒙古的水权交易工作是黄河流域水权制度建设和实践的标杆。见图 3-6。

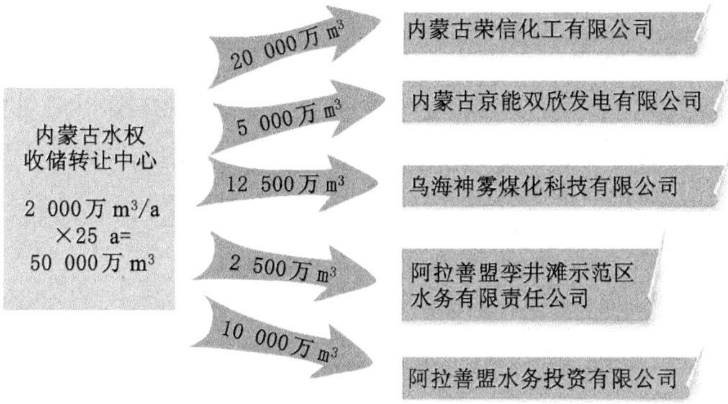

图 3-6

注：图中交易水量均通过中国水权交易所挂牌并完成交易。

为落实最严格水资源管理的要求，保证内蒙古自治区黄河流域用水总量零增长，实现用水效率的提高和用水结构的优化，内蒙古自治区在探索水资源管理模式的过程中找到了区域水权转让这条市场化道路。内蒙古自治区政府依据经济社会发展情况和各地用水需求对用水指标进行初次分配，水行政主管部门对各方用水情况进行动态监管，对未履行合同和相关规定的用水指标进行回收，再以市场化手段进行二次配置，以实现水资源的高效利用。本次交易的水量，是自治区水利厅按照《内蒙古自治区闲置取用水指标处置实施办法》收回的闲置水指标。

据悉，2014 年，内蒙古自治区黄河干流水权转让试点 1.2 亿 m^3 转让水量指标已分配给沿黄有关盟市，随后 2 年间，内蒙古水权收储转让中心和河套灌区与相关企业陆续签订了水权转让三方协议。其间由于部分企业未履行协议，自治区水利厅按照《内蒙古自治区闲置取用水指标处置实施办法》收回了闲置的水指标 2 000 万 m^3/a，并于 2016 年 11 月 21 日通过中国水权交易所水权交易系统挂牌转让。

内蒙古水权收储转让中心通过中国水权交易所水权交易系统进行公开挂牌交易，面向鄂尔多斯、乌海、阿拉善 3 个盟市定向出让。多家企业积极应牌，经中国水权交易所、内蒙古水权收储转让中心协调，最终内蒙古荣信化工有限公司、乌海神雾煤化科技有限公司等 5 家企业达成受让意向，2 000 万 m^3/a 的取水权交易于 11 月 30 日全部签约，交易期限均为 25 年，首付价格是 0.6 元/m^3，交易金额 3 亿元。

此次交易的“卖方”——内蒙古水权收储转让中心，是经内蒙古自治区人民政府主席办公会批准，由内蒙古水务投资(集团)有限公司出资 1 000 万元，于 2013 年 12 月 17 日组建的国内首家水权收储转让中心。其主要职责是负责内蒙古自治区盟市间、行业间和用水户间水权的收储转让，代表政府投资实施节水项目并对节约的水权进行收储转让等。

内蒙古水权收储转让中心的设立，为内蒙古自治区水权交易的市场化运作提供了有力支撑，促进了水资源在自治区内的合理优化配置。

3.3.3.3 我国水量分配和水权转让实践的经验和启示

上述事例，在不同地区、不同流域针对不同行业的特点，因地制宜地实施了有效的水权管理分配，由此我们可以得出以下启示：

(1) 水资源国家所有是实现水权分配的前提，具有重要的、不可替代的作用。在此前提下，应当遵循一定的原则进行水权分配。

(2) 合理的水量分配方案是配置水权的基础。

(3) 实现水权转换必须明确初始水权分配。初始水权分配是水权转换的基础。

(4) 实现水权分配方案，需要技术、行政、法律、经济等手段的支持。

(5) 水市场的出现和存在，对传统水资源配置提出了新挑战，市场机制是水资源配置的有效手段。

3.3.3.4 以往研究评述

尽管世界各国结合自己的国情不断地调整和探索农业水权，取得了较为丰富的理论和实践成果。但由于农业水权是一个动态、多变、非平衡的具有层次结构和整体功能的复合系统，不仅涉及与水有关的自然生态系统，而且与经济社会乃至人文法规等有着密切的联系；对于农业水权尚有许多基础性东西需要进一步研究和探讨。此外由于农业用水具有突出的特性，如时令性，高度集中的用水特性，计量的不精确性，农业用水指标的不确定性以及与降水的密切关系，与地下水的关系①等，都增加了农业水权设定与实践的难度。因此，有许多科学问题急需深入研究与探讨。

随着改革开放和我国经济社会的快速发展，社会主义市场经济体制的初步建立以及科技水平的迅速提高，对农业用水的要求也提到了一个新高度，要求以农业用水的可持续开发利用来全面满足国民经济的可持续发展，建立一套具有中国特色的权威、高效、合理、协调的农业水权机制，以利农业水资源的优化配置，实现农业水资源的可持续利用，满足我国社会主义现代化建设的总体需要。

---

① 陈菁、顾强生、仲跃等：《农村水利管理模式的应用》，载于《河海大学学报》（自然科学版）2004 年第 2 期，第 225～228 页。

4 我国农业水资源的开发利用现状

4.1 我国农业水资源的开发利用现状

世界上水的最大需求来自农业。从地球的河流、湖泊和蓄水层提取的2/3以上的水用于灌溉。由于水资源造成的用水竞争和冲突以及水资源浪费、使用过度和退化等现象日益严重,决策者越来越多地把农业视为解决水系统问题的安全阀。在我国,由于农业水资源在水资源中占有很大的比例(全国总体在70%以上),节水的空间巨大。农业水权的流向不外乎两个方面,一个是农业内部流动,二是向非农业行业转移。从目前国际上的实践来看,后者在农业水权的转让中占绝大部分,例如:在美国得克萨斯州,99%的水权都是从农业用水转为非农业用水。通过水权理论的运用,农业水权无论是内部流动还是外部转移,都将对农业水资源的配置产生重大的影响。

4.1.1 水资源与农业发展

农业是一个古老的产业,其独特的生产条件和生产对象决定了其对水资源的依赖。水利是农业生命命脉,没有持续的水资源供应,就没有高速发展的现代农业。

我国是一个灌溉农业大国。由于灌溉农业的发展,在不足全国40%的灌溉耕地上,生产的粮食占全国总量2/3,生产的棉花占全国棉花总量90%,生产的蔬菜占全国总量95%。我国能在占世界9%的耕地上养育世界22%的人口,正是得益于我们的灌溉面积占世界的22%。

中华人民共和国成立以来,我国农业用水的需求量由1949年的不足1 000亿 m^3 增长到2001年的3 707亿 m^3,增长了2.7倍。到2030年,需求量将达到高峰值4 257亿 m^3,之后将会出现下降趋势,到2050年,农业用水需求量预计为4 200亿 m^3。

与农业水资源需求量持续上升的趋势相比，我国农业用水的供给状况却令人担忧。一方面，近年我国水资源的整体供给徘徊不前，特别是北方地区，水资源供给严重不足；另一方面，随着城市化的发展，一部分农业用水转化为城市供水和居民生活用水，导致农业水资源的“农转非”。在1980年农业水资源占全国水资源使用量83.4%，到2001年，下降为66.6%。随着产业结构的调整，农业与用水边际效益值较高的工业和服务业等其他产业相比地位较低，农业供水所占的比重还要减少。这就对农业用水管理和农业水资源可持续发展提出严峻的挑战。

4.1.2 农业用水的特征

在我国，农业水资源包括灌溉用水和农林牧渔用水两部分，其中灌溉用水是用水大户，占农业用水90%以上，这部分水量与灌溉面积、灌溉技术和当年的降水量多少有关。农业用水主要用于灌溉，因而形成以下四个特点：

其一是农业用水具有很强的季节性，有“关键水”“救命水”之说。农业用水的使用时间依赖于当地的农作物的种植结构、灌溉制度和自然气候条件，表现为用水相对集中。我国北方地区种植主要以小麦和玉米为主，而这两种作物的需水有很强的季节性。以冬小麦为例，在抽穗灌浆期所需要的水量占小麦总需水量的19%，灌浆成熟期所需水量占总水量的24%，由于这个环节周期短，用水量大，加上这一时段自然降水量小，形成用水高峰。如农业用水在这段时期得不到保障，农民半年的辛劳将付之东流。

其二是用水量与自然气候条件有关，表现为用水量随机性大的特点，特别表现为“水多少用，水少多用”的一种“逆消费”特点。农业用水量的多少还依赖于自然降水量。在我国北方地区，由于自然降水量年际变化大，具有一定的不确定性，因此农业灌溉取水量也应相应具有随机性。一般而言，在丰水年，河流、水库和湖泊来水量较大，但由于降水量大，农业灌溉需水量反而减小；在枯水年，河流、水库和湖泊来水量较小，但由于降水量较小，农业灌溉需水量反而增大。这就导致了农业用水的“水多少用，水少多用”的一种“逆消费”特点。

其三是用户众多，管理难度大，成本高。在我国现有农村户籍人口58 973万人(《中华人民共和国2016年国民经济和社会发展统计公报》)，加上 2 000 多个国有农场，构成我国数量庞大的灌溉用水户群体。由于各地的灌溉条件和灌溉制度、耕作制度存在较大的差异，要对其用水进行管理，不仅需要庞大的人力，还要支付高昂的物质成本。

其四是目前采用多为大田漫灌的用水形式，这也是地下水、地表水的重要补给形式，其渗透、蒸发和蒸腾对水循环有重要的作用。

4.1.3 农业水资源利用存在的问题

我国的农业用水在利用过程中，突出地表现出如下问题：

一是农业输水灌渠老化失修，跑冒滴漏严重。我国灌区大多建于 20 世纪七八十年代，标准低，配套差。现有灌溉设施大部分为土渠，没有衬砌，渗漏严重；许多灌区只修建了渠首、干渠和支渠，支渠以下的斗、农、毛渠和相应的建筑物都修建不全，有的配套率不到 20%。长期以来，这些设施不仅没有充分发挥效益，而且经过几十年的运行，已达到或超过了使用年限，大部分工程将逐步进入老化期。由于干渠的使用涉及多个行政区（村），支渠的使用也是多户农民合用，单个农民或单个行政区没有对灌渠维修的积极性，而地方财政往往又力不从心，这就导致农业输水灌渠老化失修，致使灌溉用说在输水过程中就部分渗漏损失掉了。

二是工业和城市居民生活用水挤占了农业灌溉水源。从作用的最优配置角度来看，水资源应该流向效率高的用途。由于农业的产出率低，水资源利用效率低下，因而水资源从农业转向其他行业应该是正常的，但水资源在各个行业之间如何流动，是依靠行政命令调拨还是依靠市场的力量有序流动，这是一个必须回答的问题。如果是前者，那么政府就要解决好以下几个问题：第一是政府如何进行水资源的再分配，即政府从农业用水中调出多少，调出的水如何分配。第二是农业和农民的利益如何保护。农业是一个弱势行业，长期以来政府对农业的保护没有达到应有的状态，再调出一定的水资源后，应如何加强对农业的保护。第三是行政调拨是有偿还是无偿，有偿调拨如何对农民进行补偿。从目前来看，多数调拨属于无偿调拨，这一方面对农业和农民造成伤害，另一方面，也扰乱了正常的市场秩序，同时导致寻租行为的发生。如果要利用市场的力量进行有序流动，那么首先就要对水权进行清晰的界定，明确哪些是农业水权，并归谁所有，其次要建立一个有序的市场，同时政府还要对这一市场进行严格的监管。

三是农业用水效率低下。我国大部分地区灌溉单位用水量偏高，仍存在大水漫灌现象。根据中国灌排中心 2014 年统计数据显示，全国灌区农业用水利用率只有 40%左右，而发达国家农业用水利用率可达 70%～80%。目前，我国每立方米的水只能生产粮食 0.8 kg，而以色列等发达国家可生产粮食 2.3 kg。与发达国家相比，我国灌区水资源利用状况落后了 30～50 年。如果将我国现有的农业水渠利用率提高 10 个百分点，预计就可节约 200 亿 m^3 水量，这将极大地缓解目前的水资源危机。

4.2 我国农业水权制度

4.2.1 我国农业水权制度的变迁

随着水资源的日益短缺和农村经济体制的变迁，我国农业水资源的配置制度和配置方式发生了较大的改变。在改革开放之前，农业水资源由国家或集体经济组织无偿供给。在水资源富裕地区，农业用水基本上“自由取用”，只是在缺水地区，才按照“先来先用”的方式配水。这种无偿供给的水权制度，已经时过境迁，不具有比较意义，在下述讨论中不再涉及。

农村实行家庭联产承包责任制之后，随着用水主体的变化，农业用水的用水制度逐渐过渡为有偿使用制度，在一些流域，还进行了行政性分配。只不过由于种植业产出效益低，国家为了粮食安全，对农业用水一直采用低价配水制度，从目前的运行情况来看，这种低价配水的农业用水制度导致了农业水资源配置效率低下，造成农业水资源的巨大浪费。

4.2.2 农业水权制度的形式

如何提高农业水资源的配置效率不仅仅是一个实践问题，在理论界也是一个争议颇多的热点问题。从目前情况来看，主要集中在如下三种水权制度：

一是农业水资源的价格。从经济理论角度来看，价格的提高可以提高资源的配置效率。因此在如何提高农业水资源的利用率问题上，最简单、最直接的解决方法就是提高农业用水的价格，利用价格杠杆促进配置效率的提高。可以肯定的是，价格这把“双刃剑”可以解决水资源效率问题，但同时也必然增加农民负担,可能会造成农户“弃荒”,影响国家粮食安全和农村的稳定。因此,如何调整效率和安全、稳定之间的关系,管理层不得不采取一些折中的方法进行规定:对农村集体经济组织及其成员使用本集体经济组织的水塘、水库中的水,可不实行取水许可制度和有偿使用制度。应该说,这种产权方面的考虑,又是一种无奈的选择。

二是实行不可交易的限量水权制度。除了价格外,解决资源效率问题另外一个途径就是产权。具体到水资源问题上就是水权(水资源的使用权),即通过行政性分配或市场式分配,将一定数量的水资源的使用权按照某种方式具体配置到各个农户,农户在水权限定的时间、地点和限定的数量范围内进行取水。采用这种水权制度一般都以较低的价格将水资源配置到各个农户,因此不会增加农民的负担。此外,由于有水权量的限制,农户对于水资源的评价要发生变化,由此会导致其节水力度的加大,促进用水效率的提高。

三是实行可交易的水权制度。为了进一步改善用水效率,给用水户以更大的自主权,可以实行可交易水权制度。也就是说,农户对于农业水权,既可以选择自用,也可以按照市场价格在水权交易市场上进行水权转让,哪种方式给农户带来的收益大,农户就选择哪种方式。农户对水资源的评价以市场价格为准,水权交易价格越高,农户的节水力度越大。反之,农户节水力度加大,水权供给必然增加,导致水权交易价格的下降,又引起节水量的减少……通过水权交易市场的运作,农户节水与水权转让价格之间达到一种均衡状态,在这种均衡状态下,农户的经济效益达到最大化,农业水资源的配置效率相应地达到最优。

4.3 我国农业水权配置制度概述

4.3.1 农业水权配置的概念

农业水权配置是指国家运用行政手段或市场手段对农业水资源的使用权、取水权在农业用水户之间进行分配的活动。农业水权配置是有效利用农业水资源,实现资源优化组合的重要手段。

4.3.2 农业水权配置的原则

农业水权配置原则是为了明确农业水权配置的主要政策目标和方法论。其中政策目标应包括社会政治伦理、经济效率、生态环境可持续性和国家所有权等主要方面的要求。对这些基本目标的设定将为农业水权配置提供宏观和战略层面的依据。因此,应当坚持以科学发展观为指导,按照中央水利工作方针与可持续发展水利思路,以《水法》及相关法规为依据,以农业水资源综合规划和其他规划(包括防洪规划等)为基础,以实现水资源的优化配置、高效利用。

4.3.2.1 公平、公正、公开的原则

一方面,水既是人类生存和维护生态平衡不可替代的基础性自然资源,又是战略性经济资源。水资源的合理分配是影响人民生活、生产,影响国民经济持续增长、社会稳定的重要因素。另一方面,水资源具有对于人类和其他生物的不可或缺性,在水资源的配置上必须充分考虑水资源在各个地域、各种人群中的平等分配和生物用水的要求。因此,在农业水权配置时必须首先遵循公平、公正、公开的原则。这是农业水权分配在社会政治伦理层面的基本要求,也是建立有效的水市场机制、促进水资源优化利用的政治经济学前提。

公平是指对于农业用水区域内的居民不分民族、年龄、性别和财产状况,个人的基本用水权必须平等地得到法律的保障。公正是指在农业水权配置的过程中采取中立立场。它体现在水权分配中应当根据各省(区)人口和年人均用水最低限度确定该省(区)最小的年用水量,并作为各省(区)初始水权的最小配给量。分配的其他原则都必须建立在生存极限需水量之上。一方面要根据各个区域不同的用水现状等实事求是地确定其用水总量;另一方面,要首先确定各地区的水资源总量、可利用的水资源量,为产源地合理留出生态需水和未来发展需水。公开是指在农业水权配置的过程中,应当及时公开制定和发布水权分配程序、分配依据、分配原则、拟分配水量等,公开具体操作规程,增加行政透明度,避免"暗箱"操作。此外,还应当认真听取农业部门和用水户对水权分配的反馈意见,主动接受社会监督,并建立健全公示制度。公开性所保证的程序正义和信息对称,是水权制度健

康运行的基础，是水权分配的基本目标。

4.3.2.2 优化配置和高效利用原则

农业水资源的优化配置与高效利用是建设健全水权制度体系的主要目标之一，也是农业水权配置过程中必须坚持的一项基本原则。需要说明的是，优化配置和高效利用原则首先需要通过水权分配的科学合理和明晰、此后水权制度的顺利运行来实现，并通过考虑效率因素的规划和采取特定的优先顺序贯彻于初始分配中，而不是在水权分配中强行划分高效用水和低效用水并对后者进行硬性限制。且高效利用也不能脱离地区具体的社会经济基础和外部条件，以及各种影响产业结构的复杂因素，以用水作为产业结构调整的唯一标准。

4.3.2.3 可持续利用原则

建立健全水权制度，必须坚持有利于水资源可持续利用的原则。水资源虽然具有可再生性并可持续利用，但是这种可再生性和可持续性不是无条件的。它依赖于水资源系统的基本平衡和水生态的基本正常。因此任何水权分配方案均需切实维护水资源系统的基本结构和最低限度的生态需水得以满足。水资源的生态可持续性是社会经济用水可持续性的基础，良好的生态服务也是必须由政府提供的公共物品，在初始水权分配中必须优先考虑。

一方面，要以水资源承载力和水环境承载力作为水权配置的约束条件，在水资源初始分配时应当体现代际公平，既要保证当代人与经济社会发展对水资源的利用，同时也要保证后代人与经济社会发展对水资源利用的需要。

另一方面，在水资源初始分配时，不仅要考虑水量，而且要根据流域水环境和行业用水要求统筹水量的分配和水质的要求。水资源的初始分配在赋予用水户水权的同时不等于放任用水户对水质的污染，反而应当加大政府对水资源管理和水环境保护的责任，以实现水资源的可持续利用。

4.3.2.4 政府宏观调控的原则

在水权分配过程中，必须保障国家能够对水资源利用进行宏观调控。水资源为国家所有，在水权分配中进行调控是国家所有权的体现。同时，水资源利用天然具有外部性，会导致市场失灵，决定了政府调控不能缺位。

4.3.3 农业水权配置的方式和模式

4.3.3.1 农业水权行政内部配置的方式

农业水权行政内部配置是指农业水资源在各个流域和行政区域的分配，是国家各级行政机关对农业水资源的行政管辖权的分配。这种分配主要通过制定流域内分水方案和跨流域调水方案来实现的。根据我国《水法》规定，各级行政机关水权配置的具体权限是：

① 国务院发展计划主管部门和国务院水行政主管部门负责全国水资源的宏观调控；

② 跨省、自治区、直辖市的水量分配方案和旱情紧急情况下的水量调度预案，由流域管理机构商有关省、自治区、直辖市的人民政府制定，报国务院或其授权的部门批准后执行；

③ 其他跨行政区域的水量分配方案和旱情紧急情况下的水量调度预案，由共同的上一级人民政府水行政主管部门商有关地方人民政府制定，报本级人民政府批准后执行。

4.3.3.2 农业用水的分配模式

不同的分配模式将产生不同的效益与成本，对经济影响的程度也将有所差异。在竞争性水权制度下，水资源的条件不同，水权分配的模式不同；在同一水资源条件下，对于不同的地区和不同的行业，水权分配的模式业不同。在实践中，主要的水权分配模式有"人口分配模式""面积分配模式""产值分配模式""混合分配模式""现状分配模式""市场分配模式"等。

(1) 人口分配模式

按照人人平等的思想，位于同一水资源地的用水户都平等享有水资源的权利。沿用这一思想，在进行水权分配时，将可分配水量按人口分解到各用水户。

这种人人平等的分配模式强调了所有的用水户拥有同等的用水权，体现了资源分配的公平性。该模式忽略了不同行业从业人员对水资源的需求差异，将城镇居民与农村居民等同看待。对城镇居民而言，水资源仅仅是生活资料；而对农村居民来说，水不仅是生活资料还是生产资料。依据人口分配模式，必然导致劳动密集产业将获得较多的水权，产业发展有趋向劳动密集型发展的倾向，可能产生“不公平”的现象。

（2）面积分配模式

进行水权分配的另一种模式是按照水源地周围地区面积进行分配。面积分配模式与国外的河岸权（riparian ownership）相类似，它规定了水权属于沿岸的土地所有者。河岸权是在土地开发初期自然存在并发展的一种水权形式，有其自然的合理性，在英国和美国的东部丰水地区得以广泛应用。但这一模式有其片面性，因为流域面积与相应的耕地面积及其生产要素的分布并不呈简单的比例关系，如黄河上游地区流域面积普遍较大，但需水量并不是很大，如果按照这一模式进行分配，可能会使黄河下游在枯水年份更加无水可用。因此，这种分配模式明显不具有现实可能性。对农业水权的分配而言，将面积转换成耕地面积也许具有指导意义。

（3）产值分配模式

一般而言，一个地区的用水水平与其经济发展是相对应的，而地区生产总值指标是反映地区经济发展水平的重要指标。因此按地区生产总值指标分配水权，较上述两种分配模式，更具有现实可能性。

从理论上来讲，这种按生产总值进行水权分配的模式更能体现资源配置的效率，有利于提高整个国家和地区的经济发展水平，但与平等发展权利相抵触。该理论认为，公共资源是人类共同的遗产，其使用最终要促进每一个人的福利。对于在发展机会上处于劣势的地区，在资源的使用上需要分配更多的资源，而且要求发达地区帮助落后地区实现在发展机会上的均等。从产业发展角度而言，这种分配模式将会导致农业等产值低的行业的水权量逐年减少，而农业又是一个需水量大而且对水资源高度依赖的行业，长此以往，必将导致农业等低产值行业的退化，造成产业发展的失衡。因此产值分配模式在实施过程中难度较大，但对于各行业内部的水权再分配，应具有一定的参考价值。

（4）混合分配模式

上述三种水权分配模式由于配置依据不同，配置结果也迥然不同。一般而言，不同的地区、不同行业和不同的社会群体对水权的分配模式的偏好也有所不同。混合分配模式是一种折中的，为各方所接受的分配方式，其关键是权重的确定，其大小取决于各方的谈判能力和决策者的偏好，政府部门和其授权的管理机构在综合各方意见的基础上，合理地确定权重，以决定各用水户的初始水权配额。就分配难度而言，由于该分配综合了各个方面的因素和意见，其分配结果易为各方接受。

(5) 现状分配模式

在尚未建立水权市场或水权交易制度不完善的条件下，上述“重建”的水权分配模式在实践中缺乏可操作性。因为它可能会造成现有的生产力布局失衡，给流域的工农业生产带来混乱。要避免这类问题的出现，可以采用承认现状的分配模式。

现状分配模式是在承认用水户用水现状的基础上，以现有的用水量(上一年或近几年的加权平均值)为标准，依据这种“溯及既往原则”进行水权分配。由于当前用水现状在一定程度上反映了不同地区经济发展水平和需水规模，因而现状分配也有一定的合理性。从实际操作角度来看，这种分配模式实际上是对现有的用水户的水权进行确认和登记的过程，不涉及水权的重新分配问题，因而不会对目前的生产造成冲击。从分配难度来讲，由于可以获得准确的用水户过去的用水量资料，因此水权的分配量容易确定。同时，由于既得利益者得到了较多的水资源，使得分配政策容易执行。同时应该看到，由于我国目前缺乏完善的水资源管理制度，致使现有的用水缺乏公平和效率，如果按照现状分配模式进行水权的分配，很难体现社会的公平正义。另外，这种分配模式会增加潜在竞争者的进入障碍，不利于产业结构的调整。

(6) 市场分配模式

在水权的初始分配过程中，除了上述的分配模式外，还可以采用市场分配模式，通过公开拍卖的方式对水权进分配。市场分配模式可以使水资源流向效益高的产业，提高了水资源的利用效率，降低了潜在竞争者的进入障碍。其不利方面是，如果单纯通过市场进行分配可能导致水权由部分水权参与者垄断，可能出现水资源分配无效的出现。

(7) 不同分配模式的比较

在实践中，水权分配模式的选取必须考虑政府所要达到的主观目标以及信息量的获取程度等因素，再综合各方面的基础上，作出最佳的选择。对于不同的分配模式，比较分析见表 4-1。

表 4-1　　分配模式比较图

特性＼模式	人口分配模式	面积分配模式	GDP分配模式	混合分配模式	现状分配模式	市场分配模式
公平与效率	公平	公平	高效率	两者兼顾	缺乏公平 缺乏效率	高效率
可操作性	简单	简单	简单	复杂	简单	简单
实施难度	大	大	大	小	小	小

4.3.4 农业水权分配影响因素分析和指标确定

根据农业用水的特点，农业水权分配影响因素可以分为取水量情况因素、优先权因素、政策倾斜因素、其他修正因素等，见表 4-2。

表 4-2　　农业水资源分配影响因素及其相应指标

准则层	因素层	指标层
取水量情况	现状取水量	多年平均取水量
	理论取水量	多年平均理论取水量
优先权因素	水源依赖	其他水资源稀缺指数
	水量贡献	多年平均径流水资源量
	投资贡献	历史累计投资额
	上游优先	上游优先指数
政策倾斜因素	地区开发政策倾斜	地区开发倾斜指数
	水土保持政策倾斜	水土保持倾斜指数
	灌区发展政策倾斜	灌区发展倾斜指数
	贫困地区政策倾斜	贫困地区倾斜指数
其他修正因素	地区重要性因素	地区重要性修正因子
	现状用水公平修正	现状用水公平修正因子

4.3.4.1 取水量情况

(1) 现状取水量

现状取水量基于目前的农业用水户和实际的取水量。现状取水量因素是最重要的因素，因为现状是历史上各种复杂用水因素联合作用形成的结果，一定程度上反映了各种力量的平衡。

(2) 理论取水量

理论取水量是基于目前的农业用水户和理论的取水量。理论取水量主要是从用水定额的角度来反映农业水权，体现节水原则、科学原则、实事求是原则。

4.3.4.2 优先权因素

优先权因素主要包括水源依赖程度优先、水源地优先、投资优先、控制能力强优先等因素。具体可分为：

(1) 水源依赖程度

由于各地区水资源禀赋的不同，农业对水资源的依赖程度也不同。水源依赖程度主要包括农业地区地下水丰富程度，降水丰富程度，地区内其他河流水资源，地区内现有水资源的开发程度，其他水源的开发利用难度等因素。水源依赖程度可以采用其他水源稀缺指数指标来表示，水源依赖程度因素反映了要实事求是地分配农业用水，农业是关系到国家发展的重要产业，农业用水必须合理配置，防止发生水权分配不公现象。

(2) 水量贡献

水量贡献主要是考虑水源地优先原则。水量贡献较多的地区拥有较多的取水权，这符合人们的理论标准。

(3) 投资贡献

投资贡献主要是考虑历史上各地区对农业的各种投入，主要是农业水利工程。一般而言，只有增加农业有效可利用水量的投资才能考虑。

(4) 上游优先

上游优先主要是考虑由于农业灌区的地理位置不同，上游地区自然拥有较强的控制能力，上游优先原则尊重了人们的伦理观念。

4.3.4.3 政策倾斜

政策倾斜因素主要是考虑国家对农业开发的大方针，包括农业地区开发水资源政策倾斜，建立农业基金的需要，重要灌区的保护和发展，贫困地区的投资成熟和公众支付能力等因素。针对上述因素可以建立相应指标：① 地区开发倾斜指数；② 水土保持倾斜指数；③ 灌区发展指数；④ 贫困地区倾斜指数。

这些指标可以某一地区为基础，根据各区域特征程度进行比较分析。

4.3.4.4 其他修正因素

其他修正因素是指除了上述因素之外的一些修正因素。包括：

① 现状用水公平修正因素，是指用水定额以外的用水不公平进行修正，主要是灌区发展面积等用水户规模。

② 地区重要性修正因子，包括农业发展在国家中的地位等。

4.3.5 农业水权分类及分配模式的确定

根据农业水权的影响因素，农业水权分类见图 4-1。

农业水权分类
- 生态用水
- 基本农业生活用水
- 多样化需求用水
- 机动用水

图 4-1 农业水权分类

依据农业水权的分类，对农业水资源进行分配：

(1) 生态用水的分配模式——预留

从性质上看，生态用水是维持农业的生态系统和水环境而必需的水资源，是一种非排他性的公共物品，难以进入水市场，必须由政府提供。从数量上看，生态用水是为了保证整个农业的生态平衡而存有的最低水量。对于农业的生态用水，应该作为一个基数采取预留制，而不能参与分配过程。

(2) 基本农业生活用水的分配模式——人口分配模式

基本农业生活用水是指农民满足生存与发展需要所必需的水量。这部分需求应该由政府予以保障，必须无条件满足，也不能通过市场解决，在分配过程中必须采用公平分配的原则，采用人口模式分配，将可分配的基本农业生活用水量按照人口分配到各个农业用水户。

(3) 多样化需求用水的分配模式——混合模式

根据农业种植的不同农作物的需水量，将农业用水又分为多样化需求用水。这部分用水具有竞争性、排他性、收益关联性等私有物品的特征，但是考虑到这部分用水关系到国家的粮食安全命脉等其他因素，对这部分用水采用混合分配模式较为合理。

(4) 机动用水的分配模式——市场模式

如果上述的用水是以公平为主,那么机动用水应以效率为主,其分配模式应采用市场分配模式。机动用水是指农业用水中富足的部分水资源。机动用水的来源有以下几个方面:① 丰水年份多余的水量;② 新开发的水资源(如南水北调);③ 基本农业生活用水或其他用水中剩余的部分。

这部分农业水资源可以通过进入水市场进行交易,以实现配置,这将给用水户以较大的节水激励,提高用水的效率。

4.4 小结

利用水权制度可以提高农业水资源的利用效率,形成农户节水的诱导机制,规范和促进水资源在不同行业和不同地区之间的有序流动。

(1) 可以促进农业水资源的节约

农业特别是种植业是一个高耗水行业,行业本身产出效益低,节水空间大。长期以来,农业种植业一直沿用大水漫灌的用水方式,致使农业水资源再利用过程中造成巨大浪费,另外,农用输水管网的跑、冒、渗、漏现象严重,致使农业水资源的利用率不及发达国家的一半。造成这一现象的根本原因之一是现行制度设计得不合理。如果节水得不到应有的补偿,只要种植业水资源边际产出高于水价,农业水资源的浪费现象就不可能得到抑制。水权水市场的建立给节水农业带来了很大的促进。通过水权市场,一方面农业用水户可以将节约的水资源转让出去,这样将给农业用水户以较大的节水激励;另一方面,随着农业结构调整的进行,农业用水户将会改种一些低耗水作物或者高效农作物,否则其水资源边际产出将低于水资源的转让价格。另外,通过水权水市场转让的收入,还可以补充农田水利建设的资金不足,通过输水管网的加固改造,减少输水过程中水资源的损失。同时还可以加快节水灌溉设施的建设,使农业节水工作形成良性循环。

(2) 可以促进农业水资源向其他行业的合理流动

农业水资源大量流入其他行业是一个不争的事实,这种流动也是经济发展的必然结果。根据水资源的优先配置原则,粮食种植业事关社会稳定,具有优先配置权。但实际情况是工业等其他行业以较低的价格甚至无偿地占用了部分农业水资源,而且这种转让是无序的,带有很大的随机性和一定的行政色彩。在水权市场建立之后，其他行业要占用农业水资源，必须通过水权市场按照市场价格购买，这样，一方面可以对农业进行补偿，促进其节水和发展，消除或者减轻农业用水的转让对农业造成的伤害，另一方面，也会对其他行业的用水者形成节水激励，促进整个社会的节水工作。

(3) 可以促进农用水资源在流域内的合理流动

由于我国各大流域有着不同的用水方式，也形成了不同的争水现象。从农业水资源的利用率来看，上游的利用率明显低于下游。造成这种现象的原因除了经济发展水平之外，还有一个根本的原因，就是上游的节水得不到补偿。在水权市场建立之后，即使政策上不鼓励上游节水，上游也有节水的积极性，把节省下来的农业水资源卖给下游。由于下游水资源边际产出率高，自然会有买水的积极性。通过水市场，上游获得了资金可以加快节水农业的发展，下游获得了经济发展急需的水资源，整个社会的福利也相应地增加。

5 农业水权配置制度

5.1 农业水权的配置

农业水权制度是水权制度建设的重要组成部分，主要包括水权的初始分配、水权的交易、水权的监督管理等内容。加快构建与我国经济社会发展相适应的现代农业水权制度迫在眉睫。

水权制度是指在水资源国家所有基础上建立的用水户依法取得、使用和转让水权等一整套规则或规范体系。我国水权制度与水资源高效配置的要求不对等，水资源产权模糊以及缺乏有效的激励约束机制，无法发挥市场机制在水资源配置中的高效作用。

“水是农业的命脉”。21 世纪我国农业发展将面临严重的水资源短缺问题，具体体现在以下几个方面：

一是水资源时空分布与农业生产布局不相匹配。我国 80％的水资源分布在秦岭—淮河一线以南，而南方耕地仅占全国耕地面积的 1/3，南北跨度导致调水成本高且难度大，加之受季风气候影响，我国大部分地区的降水主要集中在夏季，因此，我国农业用水可控利用量并不大。

二是农业用水短缺与浪费并存。据中国灌溉排水发展中心 2014 年数据显示，我国平均每年因旱受灾的耕地面积约 4 亿亩，正常年份全国灌区每年缺水 300 亿 m^3，同时，我国农业用水又存在大量浪费，每年流失浪费的水量约 2 000 亿 m^3，占全国用水总量的 40％，渠灌区水的有效利用率仅 40％左右，井灌区 60％左右，与一些发达国家 80％以上的有效利用率相去甚远。

三是水资源非农化利用日益增长，需要政府进行前瞻性预判并保障农业用水。随着我国工业化和城市化快速发展，工业和城市用水持续增长。由于农业效益偏低、工业效益相对较高，农业用水水价低、城市生活用水水价高，不少地区将原供农业使用的水资源转供工业和城市。未来二三十年，中国城镇化和工业化将继续深入推进，水资源运用势必不断向工业等非农产业转移。以资源性缺水严重的海河流域为例，仅南水北调东线和中线一期工程受水区，城市用水挤占农业用水配额就达 15 亿 m^3。

因此，农业水权制度建设是农业可持续发展的重要基础，我国迫切需要建立健全现代农业水权制度，明确农业用水效率目标以提高用水效率，进而改善农业可持续发展环境。

5.2 农业水资源配置体系现状

我国的农业水利工程管理制度以及用水组织管理体系基本形成于20世纪六七十年代。当时人民公社制度在全国范围内轰轰烈烈建立起来。人民公社制度所倡导的"三级所有，队为基础"很大程度上决定了当时的水行政管理体系的形成，各级水利部门协同基层各乡各村或者下属公社及队集体管理农业水利。改革开放之后，到了20世纪80年代，国民经济市场化进程加快，农村废除了人民公社体制，开始实行联产承包责任制，从此农民真正开始成为独立的经济主体。与此同时，农村集体水利管理组织对于农户维护灌溉水利设施与水资源配置管理的支配力渐消，结果就是农村的末级水利工程失去了真正负责人，只徒有其形式。如此一来，农村水利设施的维护跟不上，管理又缺乏，灌排工程设施逐渐老化，运行效率受损，甚至导致整个灌区的运行效率低下。进入20世纪90年代，政府采取了一定措施改善农业水资源配置管理体系，防止其进一步恶性循环。一系列改革如水利工程管理体系、灌区水利配置机制以及微小水利设施民营等都在全国大范围展开，借助国际灌排组织以及当时的世界银行的帮助，这些改革迅速发展开来。WUA（农民用水户协会）和 WSC（供水公司）也于那时发展起来，并得以一定的壮大。其中，WUA 主要负责管理灌区末级渠道等，并直接面向用水户发放水资源；而 WSC 则是主要负责主干渠道管理，放水放给农民用水户协会。同时期进行的改革中还有项叫作"用水户参与灌溉管理"（PIM），意在使农民用水户获得更多的水资源管理权责。可是，这些改革与手段并没有在很大限度上改善我国的农业水资源配置管理效率，"以条为主、专群结合"的管理体系从改革开放前一直沿袭了下来，水资源的配置仍旧依靠政府的行政手段，很大程度依照政府调控。而 WUA 和 WSC 以及相关类似的基层用水组织虽然得到了一定发展，但是却受制于历史遗留下来的各种条条框框以及未成熟的技术理论，最终也没有有效地健康发展下去。可以说，农民用水户组织的功能非但没有充分发挥，更加沦落为了一个代收水费处和分发水资源的角色。现阶段，掌管着农业水资源管理的主要还是政府机构、灌区水利管理机构以及徒有形式的农民基层用水组织。

此外，农业水权制度不完善导致水资源管理混乱和低效率。我国现行水资源管理体制是计划经济框架内的行政手段配置为主的制度，突出表现在国务院有关部门负责全国水资源的宏观调配，地方政府和水行政主管部门负责地方水量分配，利用各项权力主导流域内地区间水的分配。实行的是中央政府与地方政府共管、统一管理与分级分部门管理相结合的双轨制管理，逐步建立了五级（即中央—流域—省级—地市级—县级）水资源管理体制，见图 5-1。

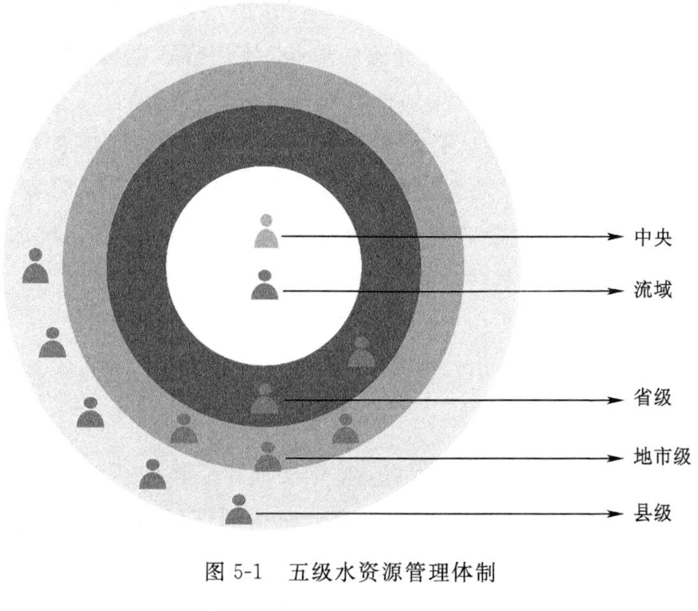

图 5-1　五级水资源管理体制

这种农业水资源的行政配置方式，使水权（使用权）主体缺位，流域水资源的相关利益主体缺乏有效的激励机制，产权模糊，激励不足，缺乏约束，无法灵活高效地根据水资源供给和需求变化配置水资源，甚至导致水资源管理的混乱和低效率，难以适应水资源及经济社会发展变化，表现为：

一是缺乏有效的农业水权初始分配机制。水权初始界定是一个复杂且至关重要的问题，涉及利益分配及水权交易的开展及其活跃程度，在水资源行政配置机制下，难以对农业用水按照用水需求、资源禀赋、种植结构、设施条件等进行合理分割及分配，"大锅水"现象较为严重，排他性和可让渡性较差。

二是缺乏有效的农业水权交易机制。当前我国农业水权转让和交易缺乏法律基础支撑，无法利用市场机制实现水结构的调整和水资源的优化配置。一些水价改革试点地区进行了水权交易的探索，但问题较多，如：农业内部水权交易受灌区和流域制约，只能是邻近交易；同一灌区内丰水程度基本一致，同时农户用水受配额所限，可交易量不大；水权跨行业交易权限过高；水权跨行业交易的农业风险防范机制和补偿机制尚未健全。

三是存在"五龙治水"现象。水资源管理牵涉环保、国土、农业、林业、渔业、交通多个部门，缺乏部门协调机制。各部门水管理的重点是对水资源的物理性能方面的管理，缺少对水资源的取得、使用或收益的权利的管理，整体而言，缺乏水资源综合规划且部分规划科学性和可持续性有待加强。

此外，目前我国没有专门针对农业水权的法律规范，现行农业水权法律制度散见于多个水权相关法律法规，缺少对农业水权的深度、明确和系统的规范，无法适应农业用水形势变化和满足构建现代农业水权制度的需要，对流域整体特征关注度不够。

5.2.1 政府水利行政部门

5.2.1.1 水权的最高管理者

我国水资源所有权归国家所有，水资源所有权具体行使则由政府以及政府水利部门代为执行。政府部门是农业水资源配置行为中第一阶段的主体。政府及相关部门对水资源的初始水权配置具有决策权，在初始水权的分配上，政府统筹规划，以全国水资源总体规划和全社会公共利益为起点，进行用水组织间的水权初级配置，同时提供相应的法律法规及监管服务。

5.2.1.2 利益协调方

农业水资源配置行为中的利益相关者有政府、水利部门、灌区水利管理机构、基层用水组织（如农民用水户协会等）以及个体农户等众多主体，其中各个主体间的用水利益关系将会左右整体管理体系的效率和成本，同时对水资源配置结果具有一定影响。因此，政府在其中充当协调方，宏观上进行监督和管理，使上述水资源配置管理参与者的利益得到保障。

5.2.2 灌区水利管理机构

灌区水利管理机构的存在是为了负责国家水利设施的管理以及农业用水服务与管理，它由政府及相关部门授权，获得取水资格，利用国家水利设施组织灌区农用水的生产。其经营形式上是一个不以盈利为目的的政府公共部门，主要向基层农业用水户提供灌溉水和相关技术。灌区水利管理机构具有公益色彩，旨在通过农业水资源配置的科学合理进行，促进农户利益与国家利益的双赢，以优化地方与全流域的水资源配置为总方向，在政府的宏观调控下，具体细致地对农业水资源配置方案进行针对性修订，从而将宏观水资源配置给基层微观用水单位——农户和群众用水组织。

灌区水利管理机构在农业水资源配置过程中的主要职责有以下几点：

5.2.2.1 管理和监督国有水利工程设施

灌区水利管理机构对灌区范围内的水利工程设施的使用权来自政府授权。在行使使用权利的同时，灌区水利管理机构有义务正确合理使用这些水利工程设施，并且定期维护，以保证其长期具备良好的运行状况，保障灌区水利工程设施安全有序地运行，促进国有资产得到最优化的收益。

5.2.2.2 科学管理农业水资源

灌区水利管理机构在农业水资源管理上的具体职责包括设定灌区用水供给配置计划并将其落实、制定农用水灌溉规定、实验并推广最新的灌溉技术等，同时还兼具优化水资源管理形式、优化农民参与水资源管理方式以及人员培训等各种义务。

5.2.2.3 科学管理农业水权配置运营机制

科学运营水资源配置及使用工作，是带动区域社会经济、促进区域农业生产和可持续发展的关键。现阶段灌区水利管理机构采用企业化经营，在政府的取水许可制度安排下，获得水资源有偿、有期限的使用权和经营权，采取经济手段促进农业水资源的经济效益。

5.2.3 农民基层用水组织

人民公社从历史舞台淡出之后，各类似乡村组织逐渐也退出了历史。随着改革开放，农村也经历了经济体制的改革，自此曾经的乡村水资源管理组织逐渐被各种形式的农村自发组织性质的用水户组织代替，并由这些组织承担末端水利工程维护及水资源配置的工作。这些农民用水户组织中可以看作一个共同进行决策的平台，决策者是乡村的农民（最基本的用水单位），决策的内容则包括灌溉系统的管理、水利设施的投资建设、分水配水等。这种管理形式由20世纪我国的计划经济时期盛行的“群众管理组织”发展而来，然而这些组织当时并未成为农民自治管理与决策的独立主体，其受到了众多农村基层政权等限制，主要附属于村委会等。

5.2.4 水资源管理中的相关利益

水资源管理体系的利益关系，可以用图5-1的相关利益者图来说明。图中核心位置的是利益相关者中占支配地位的一方，对管理拥有绝对的决策权，是利益分配的主导者，在水资源管理中，这一方就是政府水利行政部门。位于图中紧靠核心部位第二环的，是管理中的直接代理人，其拥有管理权，有一定的决策权，理论上也拥有收益权，在水管理中的灌区水利管理机构就属于这一角色。最后处于外面一环的就是利益相关者中相对最缺乏话语权的，其拥有收益权，但是几乎难以左右经营管理上的决策，相应的水资源管理组织是农民用水户组织。

5.3 农业水权配置体系现存主要问题

5.3.1 水权配置组织断层

曾经的农业水资源管理包括灌溉事务等都是由乡村基层的组织这一曾经的群众管理组织处理，然而在这些组织在农村改革之后就已经退出了管理事务的舞台。与此同时，农业用水量大量增加，再加上农民用水户组织的欠发展，农业水资源配置严重缺乏组织管理。农民用水户组织，甚至农民，在乡村基层组织退出农业水资源管理后理应获得末端水系以及水利工程设施等产权，但事实并未如此。乡村基层组织保留了乡村水利设施的管理权力，以此获得其收益以此充当办公经费。这就造成了农民用水户组织事实上只是充当末端水系维护和水费收缴的角色，而无法实现农村真正自我组织水资源配置工作。这样一来，农民自己的一些小型水利设施无法有效链接灌区水资源管理组织的渠道，相互工作没有交流，造成灌区组织与基层农户的水交易无法形成有效的市场化运作，这就形成了农业水权配置组织缺乏的问题。

5.3.2　水权配置组织代理层级繁缛

我国的农业水权配置体系是一个组织复杂、层级繁缛的管理体系，国家、政府、灌区水资源管理机构、农民基层用水组织等呈现层层委托代理的模式。这样的模式是以中央政府、地方政府及其下属水利部门作为一级代理，而国家扮演的则是最高委托人的角色。政府和水利部门总揽水资源管理大权，又将灌区水资源管理组织、农民基层用水组织等设为二级、三级的代理，具体行使管理与经营水资源的权利。中国水权配置体系组织如图 5-2 所示。

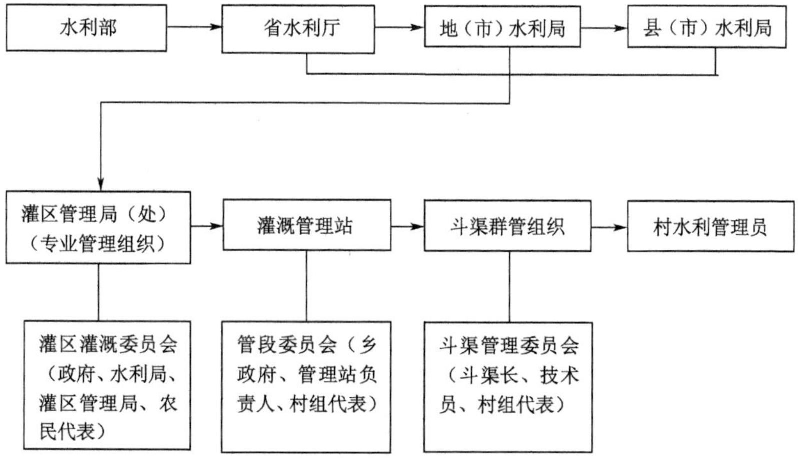

图 5-2　中国水权配置体系组织图

如图 5-2 所示，水权配置组织代理层级简化为由水利部开端，往下则是省水利厅、地(市)水利局、县(市)水利局等各地方政府水利部门，再往下就到了灌区水资源管理机构及下属站点等，而这些机构与站点又有各自的管理委员会，管理委员会的成员中又包括政府、灌区管理局、农民、村组代表等，最后到村水利管理员，层级机构极其繁缛。问题在于，这些层级之间的信息并没有得到互通对称，农业水资源与基层水利工程的代理并不能提供给政府对称的水资源配置信息，于是由上而下的管理决策与由下而上的信息传递无法准确精确地传达到位，更造成信息传递的失真、失效，进而导致过高的管理运营成本。

5.4 造成农业水权配置体系效率低下的因素

政府在农业水权配置过程中往往属于一种委托方，除了相关审批工作以及初始水权的分配外，政府不会直接参与到水权的配置过程中去。因此，以下主要从政府以外两个主要层级——灌区供水机构与农民用水户方面讨论。

5.4.1 发展中的水权体系

现行的我国水权制度的不成熟与不完善导致农业水权交易的短缺。农业水资源的拥有者无法在转让水权的同时获得理想的收益，这就无法体现水资源的稀缺，而转让方的低收益又导致转让方的积极性，从而无法促进水权交易市场的扩大，水资源的价值便只能停留在低效益的状态。

一方面，现行的水资源区域调配政策还主要是依靠政府部门的行政手段，地方区域即使拥有者水资源经营的权力，一旦没有通过转让水权也没有收益性权力；另一方面，虽然根据《水法》中的相关条款规定，经批准之后，水使用权是可以转让的，但是至今还并没有形成独立完善的制度规定。

政府的过度干预也造成灌区普遍失去水权经营实质权力。为了行政需求以及社会利益，作为水资源的所有者的政府频繁干预水权经营活动，灌区水市场无法自由健康发展。而灌区有限的水权经营并无法获得实质方面的使用收益，其出售水资源的费用往往是水利工程的维护管理经费。

而农民在农业水权体系尚不完善、定义模糊的今天，是水权配置利益相关者中的弱势方。地位上的不平等，导致其信息的闭塞，再加上农民本身是没有对农业用水的补缺或节余的收益权的，造成农民的水资源无法流向更高使用效益的使用者手中。

5.4.2 农业水权交易的高合约成本

在我国农业水资源实行市场化改革后，农民不再以曾经的集体为组织，而开始分散经营，各自成为独立的用水户，拥有独立的决策权，而这就是问题的来源。曾经改革之前的农业用水，是属于乡村组织集体的，乡村组织对农业水资源拥有管理权。那时候的农村作物较为单一，面积也相对较大，乡村组织协调村户的灌溉用水比较容易，根据用水的计划，乡村组织可以轻易地通过行政手段谋得协调一致的用水结果。这样所需要的成本就基本上没有了。而改革后的农户分散，导致了这种协调方式开始走向困难。灌区的地理环境不同，各家各户农民所处地理条件也相差各异，于是农业用水的需求量上就产生了非常多的差别。在水系上下游不同地区的农户，甚至是相近的农户在对农业水资源需求量甚至需求时间上的差异开始日益体现。而在乡村组织逐渐消失之后，并没有出现足够强大的管理者来联系灌区水资源管理机构与基本农户，于是农业水权交易的可能性再次消失，水权交易的关系链始终未能够联通。摆在供水组织面前的，只能够是无数的个体用水户零散的用水合同，这巨大的用水需求信息采集工作量，加上水权交易合同的修订实行，成本的居高不下也就不足为奇了。

5.4.3 水权管理组织的功能局限

上文提到了农业水权配置组织的层级委托代理关系，在这种关系中的国家主体基本不会参与水资源管理机构的工作中来，它的影响只能够依靠逐层渗透下去传达。于是，政府的绩效评定与信息采集只能通过不确切的途径来源进行(上文提到了层级繁缛造成信息传递的歪曲与失真)，从而造成水权经营中责任分摊失公的结果，比如“包盈不包亏”。

灌区水资源管理机构的定性是一个暧昧的问题。虽然灌区水资源管理与政府部门有所区别，但是却又可以基本被看作政府部门的附庸。如前所述，灌区水资源管理机构是具有公益性质的，也就是说它本身就不是以盈利为目的的组织，这直接导致了其并不具有水权交易市场化的功能和职责。灌区水资源管理机构对水权经营的态度或者说积极性，并不是取决于对市场反应的判断，而是取决于上层管理组织的行政命令。灌区水资源管理机构在水权交易中权力与职责的模糊，造成了其无法促进市场机制在农业水权配置中的有效激励。

灌区水资源管理机构的非产权主体性质，以及实质经营权、收益权的缺失，还造成其可以无视自己经营结果风险的结果。一旦无须承担风险，那就势必会造成水权交易的低积极性和低效率性。另外，灌区水资源管理机构大大小小的水利工程之间疏于形成信息对称的网络，缺乏协作，也同样造成农业水权配置的效率低下。

5.5 创新农业水权配置体系的目标取向

现行农业水权配置体系弊端尽显，在农业水权制度发展的道路上已经无法支撑起它应有的职责。对于该体系作出科学创新，对于帮助农业水权制度的进一步发展，对于农业水资源的优化配置与高效率利用已经迫在眉睫。创新农业水权配置体系的目标主要有以下几个方面：

5.5.1 科学划定水权分配中政府的角色

在我国，水资源所有权归国家所有，因此从根本上水权的管理自然也是离不开政府的。农业水权的交易虽然不会受到政府的直接干预，但是在促进农业灌溉方面的水资源分配的安全、公平和社会交易主体广泛性等方面，政府具有非常关键的调节功能。

政府角色应该主要具备以下两个职能：

5.5.1.1 水权交易制度制定者

在农业水权的交易市场上，政府有责任制定并提供完善的相关法律法规，形成一套有效有力的法律框架，规范农业水权交易过程中主体与客体之间的权利与义务。

首先是初始水权明确。要在全国范围内建立完善各行业的水资源使用指标，使其各项工作都能够明晰并严格遵循各自的用水指标以及节水标准，以此推进基层工作中的节水任务有序完成。因此，水资源的宏观调控和微观调节都必须建立相应的完善体系，相辅相成，为水权的转让提供基础。

其次是充分发挥政府的宏观调控职能。市场经济告诉我们,市场失控的存在将会导致市场不能有效高效地调配资源。这对于水市场也一样,而水资源市场的失控将会加剧水资源的浪费。对于水权这一涉及工、农、商等多方利益,更关乎民生问题的商品,政府必须加强对其宏观的调控,利用市场机制的原理,积极引导水权分配模式的建立,促进水权根据水资源合理分配的原则有序转换。

5.5.1.2 水权交易监督者

农业水权交易制度的逐步建立离不开规范,在此过程中政府应当充当监督者的职责,充分发挥组织上优势,健全水资源市场活动监督模式。从地方基层着手,发动地方政府出台水权交易的行业规章,使农业水权转让按照规章有序推进。政府相关部门要通力合作形成全面有效的监督网络,在农业水权分配过程中,对分配的合法性、合理性以及对生态环境、社会环境可能产生的影响进行全面的监督。

各灌区基本情况不同,在水资源的需求量与供给量上也不尽相同。在水权分配过程中,政府应充分考虑优化产业结构、优化水资源配置以及节约水资源。灌区以此才能有结余出来的水资源可供实现水权的交易,而不是一味追求水权转让,无视水资源的利用效率。政府在此过程中,对水权的买卖双方都必须进行充分的资质核查,对被交易的水资源的利用性、使用合理性以及相关环境规范进行监督,并作出科学合理的调控。

5.5.2 加快农业水权分配制度的创建

5.5.2.1 明晰农业水权分配主体

上文明晰了水权的新型用益物权属性,在此前提下,以下确定供水组织、用水组织、法人以及自然人等民事主体为水权交易与分配的主体。具备交易主体资质的交易者,应当是具备独立行为能力的、有独立民事权利的自然人或者法人。一方面,交易应当采取优先性机制,在水资源盈余与稀缺上互补的交易双方具有优先性,另外,农业用水范围内的水权交易优先,在地理上临近的双方也应当具有优先性;另一方面,交易者行使水权交易过程中,应当行使一定的义务,只有在国家及地方相关法律法规范围内,以及保障水资源的合理高效利用和生态环境的可持续发展的定量范围内进行的水权分配与交易，才收到国家相关法律的保护。

5.5.2.2 规范水权分配与交易

在明确了农业水权的交易分配主体之后，我们知道水权的转换是在两个独立民事权利和独立行为能力的经济实体之间发生的。其中双方具有平等的地位，双方在平等的谈判与商议中达成水权转让的合约，从而实现水权的交易与分配。这种合约必须是具有法律效力的，对于交易中的各种细节都必须明确约定，如交易的价格、时间、数量以及交易双方在交易前后的权利与义务的变化。因此，农业水权的卖家在通过政府部门授权后，以一种合理、合法、对环境及社会可持续发展不具有危害的限度内的方式对水权进行交易和分配，将促进基层用水户节水与提高用水效率，同时，达到全社会用水需求都能基本满足的目标。

5.5.3 构建扁平化水权分配管理机制

在水资源国家所有的条件下，政府通过宏观调控等手段，进行水资源的初始分配，并保证用水户的权利，而农户或者农业用水组织、供水组织等的水权平等，在其中各个利益体之间的水权配置应当遵守不损坏其他利益相关者的原则。而在以上过程中的水权管理，不应有层级繁多的情况出现，以免产生过高的管理及运营成本以及导致低下的水资源利用效率。减少水权管理机构的层级结构，打破国内普遍的多级委托代理层级管理模式，实行扁平化的决策管理体系，能够大大提高市场经济调节水权配置的效率，同时大大降低水权分配过程中的成本，促进水权交易市场健康发展。

5.5.3.1 明晰初始水权

明晰水资源在农业用水户与灌区配置中的初始水权，是明晰农业水权的主要内容。我国的农业水权长期以来的无偿、无转让、无期限使用，要向有偿、可转让、有期限转变，水权的政府区域行政划分要向市场分配转变，就要改革现在国内广泛实行的取水许可制度，推行水权制度的建立与完善。政府发挥组织与监督等职能，合理划分农业水资源的各项权利，将其分配到地方政府部门、农业用水户组织、灌区水利机构等，并且规定其各自的权利行使范围，达到各部分权利互相监督而又保证彼此权利能够独立行使。

5.5.3.2 农业水权扁平式划分

上文提到了层级过多的权利代理及管理必将带来管理成本过高、运行效率低下等弊端，因此在水权的分配及交易等过程中，通过对水权的扁平化划分，可以有效解决。下到农民用水者协会（WUA）和灌区，上到水利部门以及国家，他们各自的供需要求、信息优势都是不同的。因此，对于其中各层次的主体，政府都应划分相应的独立水权，以立法的途径明确各层次主体的水资源用益权（即水权）。这一举措既能促进水资源配置高效，同时也能充分调动水权拥有者节约水资源的积极性与自觉性。

在实践中，由单独的个体农户独立实行水权会产生过高的成本，那么通过相关政府部门将其对应水权配置权划分给基层用水权组织，借以集中管理农民水权，形成一个基层合作管理机构，代表农民实行分配管理，即可实现以最小化的管理成本带动水权的高效利用和转换，其中的供需信息也将得到更大程度的利用，促进更大规模的优势交易。

5.5.3.3 建立扁平化的水权管理体系

水权的扁平化分立式划分需要相应的扁平化管理体系。政府对水资源的管理能力是有限的，范围也是粗线的，在此前提下，就需要一个市场化运作且有广大利益相关者参与其中的水权管理体系。这个体系中的产权主体是多元化的，可以渗透到社会各层次的用水主体。一方面，利用权力的合理划分来增强用水户在水权分配决策过程中的参与感和自主性，使得用水户对水权配置的效率与利益有较高的关注，并产生更高的自我激励。另一方面，政府应当鼓励民间的基层组织（如农民用水者协会）以及企业等民间资本加入水权的分配及利用活动，发挥这些主体的积极性，促进水资源开发保护甚至水利设施建设的健康快速发展，破除以往单一的水资源行政管理体制，建设农业水利建设投资基金等，吸引民间资本参与。

5.5.3.4 水权配置以农业灌溉面积为基础

灌区的灌溉面积与水资源的需求量一般呈正相关，因此应以灌区现有的土地灌溉面积（近几年的平均值）为基础，将农业水权科学合理地分配给用水户组织。根据现有的技术及记载，灌区面积的数据不难获得，变化范围以及可变因素也不难控制，以此实施的水权配置方式交易进行，成本也同时很低。在实践过程中，上述分配模式只存在于农业水权的初始分配过程中，不涉及水权再分配的问题,故不会冲击现有状况。这种模式充分体现了农业水权分配过程中的公平性,同时具有针对现实的特点。

5.6 农业水权配置体系创新模式探索

5.6.1 赋予水权配置机构独立的产权

在灌区水利管理组织及其他相关组织中,对灌溉水资源来源途径的拥有权应该是与农业水权协调一致的;如果两者存在不同的政策要求,势必造成组织无法协调两者的共同受益,也无法统一进行管理,也就使得水权交易成本升高。在农业水权配置过程中实际直接进行配置工作的两个组织——灌区供水机构与农民用水者协会之间的地位需要得到平等化对待,两者只有都作为独立自主的主体进行市场竞争,才能发挥产权在市场经济中的优化效果。因此,水权与灌溉水来源通道特有权的协调是农业水权配置体系改革发展的重要内容。

加快完善我国的水权制度,加强水权交易市场和相关配套机构设施的组织权利,积极改革现有用水许可制度往水权交易方向发展。赋予农业水权配置体系中的组织足够自主行使的独立水权,以明确、独立的水权,赋予这些组织更加强大的经营收益权益,加强其优化农业水权配置的主动性与积极性。在末端水权的处理上,尽量赋予基本农户,使其得到充分的自主优化能力,提高农业用水的配置效率。同时,政府需要积极地进行水利灌溉设施的产权转让,赋予灌区水利管理机构与农民用水者协会等充分独立的经营权和收益权,加强其实际控制权,并通过加强立法的方式对其进行监督,而不是过度地进行行政干预。这样一来,农民基层用水组织得到了末级水利设施的所有权,并且可以进行独立的经营活动,大大降低了层级管理体系组织繁缛造成的交易信息不对称带来的决策迟缓的发生,并大大提高了农民基层用水的优化配置积极性与主观性,有利于现有的农村灌溉管理制度与水利设施管理组织间的联系密切化。

5.6.2 加快推进农业水权交易平台建设

对于现有的农业水权配置体系而言,尚没有真正能够充当有效的水权交易执行与监督的组织机构。即使是在水权理论试点实践了这么多年后，我国多种水资源配置组织依旧流于被动的经营模式，即在农业用水缺失的情况下作出相对优化的决策，而不是从水权配置的开端进行最优化的统筹。这些组织缺乏市场竞争的激励，与之相应的，农民也就缺乏提高用水效率的环境推动力。有效的农业水权配置组织应该能够合理地运用水资源的配置权，将利益相关者之间的用水效率协调提高到最大化。

在以往灌区水资源管理机构的性质上来看，管理与经营职能的模糊定位，导致其职能的弱化。加快农业水权交易平台建设，必须由政府着手推进灌区水利管理机构的公司化改革，明晰灌区水利管理机构的职能，摒弃以往的被动服务角色，作为水权交易服务的主导者甚至倡导者，克服水权交易过程中组织缺失的问题，改善交易疲软的现状。灌区水资源管理公司遵循市场经济原理，在获得自身利益的目的下，才能够积极构建更利于水权交易的平台，通过建设先进的水权交易工作体系，合理划分职能，与农民用水户组织等积极合作，共同推进水权交易市场的正常运行。

在外部条件完善的情况下，基层交易主体的主观能动性也需要得到加强。在农民用水的基层组织机构中，基本没有独立的配置水权的权力，这将阻碍水权交易从农户这一基本单位的发起。政府应该针对农民用水者协会等组织，建立专门的法律框架，赋予其水权配置权力，加强其在基层水权配置活动中的话语权，从而使这些基层组织保护水权交易中的弱势方——农民的权益，将他们零散的供求信息整理疏通之后完整地反馈到市场，降低水权交易中的交易成本。

5.6.3 实现水权管理体系的多元化模式

如前所述，水资源作为一种特殊的自然资源，其经济属性是多样的，这样的特性使得水资源在市场失灵的情况下就容易出现许多问题，因此政府在此过程中承担了主要的农业水权配置管理职能。但是层级过多导致的信息传递受阻与失真，决策的制定跟不上供需的变化速度，都将造成水权交易的受阻。

在此前提下，如何在政府宏观调控下准确适当地引入市场，在市场与政府的两只手操控下，克服水资源商品属性带来的局限，对农业水权交易的市场失灵和政府局限作出补充，是关键所在。

因此，在最大限度降低水权配置成本的目标下，社会急需建立一个多元化的水权配置体系，这个体系需要层级清晰简明，以政府、企业与基层用水组织的合作为基础，组合各层级优势，发挥各个配置组织的效率。多元化水权配置体系结构如图 5-3 所示。

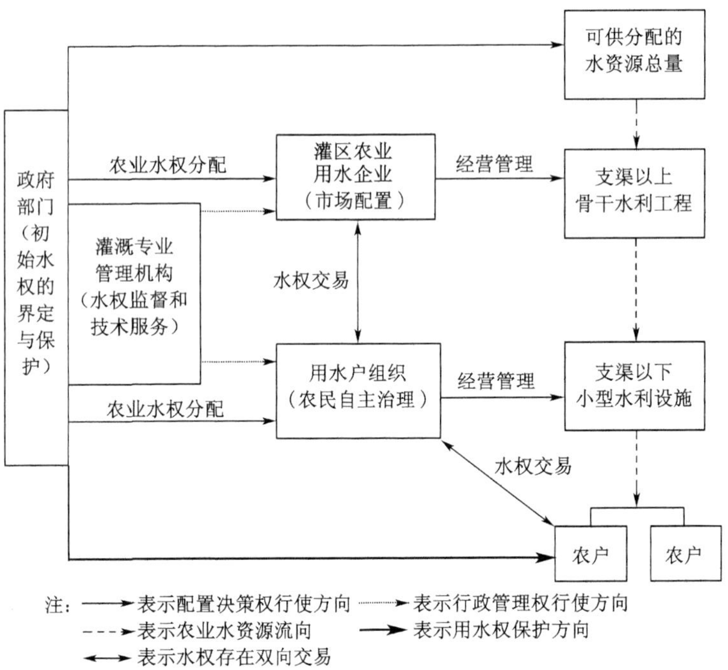

图 5-3 多元化水权配置体系结构图

如图 5-3 所示，水权配置与交易在多元化水权配置体系中的运作依旧由政府部门发起，但政府的职能主要以初始水权的界定与保护为主，而不是过度干预水权分配的实质进程。灌区水利管理机构提供水权交易的技术支持与监督，对于灌区的农业用水企业与用水户组织具有行政管理权限，在灌区企业与用水户组织间进行水权交易，两者各自又分别经营管理主干水利工程与小型水利工程，最后的交易指向回归到农户。在此过程中，农户与用水户组织的水权交易灵活，双方各自都是买家与卖家，充分激励用水者的优化配置积极性。农民的水权也受到政府部门的直接保护，对于灌区水利管理机构以及基层用水组织也具有利益驱动的效果。在政府、水资源公司、农户用水组织之间明确划分职能，充分协调各自的权利，以合作为体系构建核心，才能统筹水权配置的社会公平性与农业水权使用效率，达到水权配置的优化。

《河北省农业水权交易办法》施行 借市场之手配置水资源

河北新闻网3月22日讯（记者张岩）由河北省政府办公厅印发的《河北省农业水权交易办法》近日正式施行。

《河北省农业水权交易办法》适用于地下水超采综合治理试点县（市、区）农业取用水户间的水权交易，其他县（市、区）可参照执行。该办法明确提出，农业水权交易可采取农业取用水户间自主交易、县级农村产权流转交易中心平台交易、委托农民用水合作组织交易和政府回购等形式。交易额度不得超过水权证载明的有效期内尚未使用的水量。交易对象包括拥有农业水权的农户、专业大户、家庭农场、农民专业合作组织等农业经营主体。

《河北省农业水权交易办法》要求，县级政府要依据本办法制定农业水权交易实施细则，建立健全农村产权流转交易中心平台，利用水价改革奖补等资金实施政府回购，引导开展多种形式的农业水权交易。

水权交易可使水权成为一项具有市场价值的流动性资源，可推动水资源配置依据市场规则、市场价格和市场竞争实现水资源使用效益最大化和效率最优化。2014年底出台的《河北省水权确权登记办法》，在各试点县开展县域内水权确权登记，实施农业水价改革，建立了水资源由低效益向高效益流转的“倒逼”机制，为农业水权交易奠定了基础。《河北省农业水权交易办法》的出台，有利于促进水资源更合理配置、更高效利用和更有效保护，是保证河北省水权确权、农业水价改革稳步实施的重要保障，对于河北省节水压采工作顺利实施、维护农业水权交易双方合法权益、加快推进节水型社会建设具有重要意义。

构建我国现代农业水权制度需多管齐下，可从以下几个方面入手，构建我国现代农业水权制度：

一是整合现有农业用水相关法律政策，明确农业水权的内涵、各级政府在通常情况下的农业用水分配办法、农业节水、农业水权交易原则与范围、农业用水转非农用水补偿机制等，特别是应根据农业技术水平、粮食品种及产量确定基本农业水权和扩展农业水权，基本农业水权作为农业用水最低保障线。

二是处理好农业用水管理中的政府与市场关系。农村长期以来形成的传统文化、风俗民情以及习惯，往往是维系农村各项事业有效运转的不可或缺因素。因此，在“村规民约”和“习惯”不违背相关法律法规的情况下，政府应给予充分尊重，并因势利导农民自主管理农业用水。政府应设计有利于农业用水自主治理的良好制度和政策、确定基本的农业水资源使用边界与规则、增强农业用水各相关成员之间的利益联结机制、加强各成员之间的相互监督和信任、建立健全农业用水冲突解决机制等。

三是以确保农业生产用水权益为根本目标，依据本地水资源禀赋情况、农业生产与农业经济发展情况以及通常情况下的农业生产用水情况，因地制宜地按照作物种类或土地类型等确定农业水权配额的底线原则和技术标准。

四是将农业水权分为基本水权和扩展水权。基本水权是水资源中保证率较高的一部分，其作用是满足最低限度的农业用水需求，基本水权内的农业水价按照平价收费；扩展水权是基本水权配额以外的用水配额，保证率较低，反映市场资源配置原则，根据年度水资源供给农业生产，扩展水权配额实行阶梯水价。依托农村产权交易中心审慎开展农业水权跨行业交易，建立农业用水数据库、农业用水红线、农业用水预警机制和应急机制，确保农业用水权益和农业生产不受侵害。

五是探索建立农业用水跨行业交易利益补偿机制，确保农业用水与粮食安全。待农业水权交易市场发育成熟且时机合适，可以考虑征收农业水权出让金，用于在流域范围内成立农业水权转让补偿基金，作为农业节水推广费用和相关水利建设资金。

6 农业水权配置的法律保障制度

6.1 我国农业水权配置的法律保障制度的价值目标

6.1.1 总体价值目标

农业水权配置的法律保障制度的价值目标是指完善农业水权配置所体现或追求的社会、经济和环境保护价值理念。由于法律保障制度的创新和完善是为了更好、更快地实现农业水权配置的价值目标，因此研究其法律保障制度的价值目标是必要的。

农业水权配置的法律保障制度的价值目标，是指法律在实施中能够保护和增加的秩序、正义、效率等价值，能够反映农业水权配置创制和实施的宗旨，勾画农业水权配置的理想秩序状态的蓝图，因而是一种主观愿望，表现立法者所要追求的法律精神。一般来说，凡是能够借助法律上的确认、保护、鼓励、限制、禁止和责任机制来加以保护和促进的美好事物，都可以视为法律的价值目标。

就农业水权配置而言，其价值目标的确定随着时代的前进而不断地被明确和科学化。经过十余年的丰富和发展，可持续发展价值目标的具体内容已演变为：保证人类对生态系统和生物物种的持续利用，实现当代人与后代人之间的环境利益平衡，促进环境与社会、经济的可持续协调发展，真正实现人与自然的和谐共处①。

农业水权配置的法律保障制度的价值目标必然由法律制度的创新和完善来体现，因此，法律保护制度创新和完善的价值目标也可以相应地划分为与农业水权配置价值目标一致的层次。目前，无论是在经济和科技高度发

① 张文显主编：《法理学》，高等教育出版社、北京大学出版社 1999 年版，第 212 页。

展的发达国家,还是在追求经济和科技高度发展的发展中国家,可持续发展作为一个综合性战略发展目标(见图 6-1),其作为指导农业水权配置的法律保障制度建设的最高价值目标,已被广泛认可和接受。

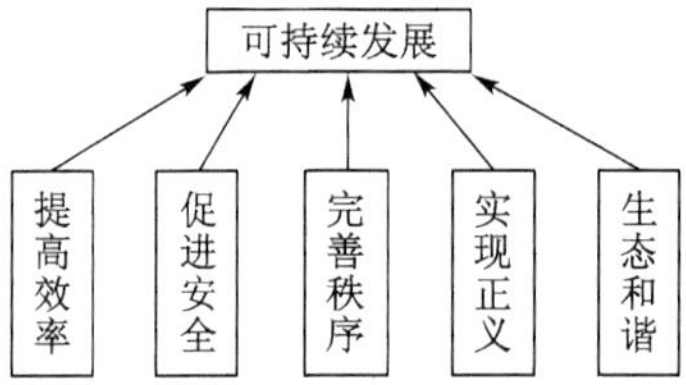

图 6-1 价值目标图

6.1.2 具体价值目标

作为综合性目标,可持续发展价值目标的实现,依靠法律关系领域安全、秩序、正义、自由和效率五个相互联系的具体价值目标的实现来共同体现。

6.1.2.1 促进安全

所谓安全,是指不受威胁,没有危险、危害和损失。安全作为人类所共同需要的一种社会性状,体现在经济、社会和环境保护领域之中。农业水权配置的法律保障制度所追求的安全价值包括以下几个方面的含义:

在农业水权配置过程中,法律保护有关的正当行为自由和利益追求自由。自由的安全是衡量一个国家法治程度的一个重要标准,因而也应成为农业水权配置的法律保障制度创新和完善所追求的一个价值目标。

一般来说,农业水权配置的法律保障制度所追求的安全价值目标和秩序、正义价值目标关系密切。秩序和正义都可以保护或体现安全、秩序的安全是形式上和非实质的,正义的安全则往往是实体的和实质性的。不过正义的安全往往要通过秩序的和形式上的安全来体现。只有把秩序的和正义的安全结合起来,才能构成农业水权配置的法律保障制度所追求的整体意义上的安全①。

① 李步云主编:《法理学》,经济科学出版社 2000 年版,第 74 页。李龙主编:《法理学》,武汉大学出版社 1996 年版,第 117 页。

6.1.2.2 完善秩序

秩序是法的最基本的价值之一[①]，在形式上能够为人们提供安全、自由、平等、效率的满足[②]。对于农业水权配置的法律保障制度来说，其创新和完善对建立和维护法律秩序方面的作用既可以是动态的，也可以是静态的。静态的作用主要体现在农业水权配置的法律保障制度的规范、调整和保护性功能方面。[③] 动态的作用主要表现为：一是维护农业水权的运作秩序；二是维护权力运行的秩序；三是维护"绿化"的水市场秩序。

秩序是一种社会状态，它的建立和维护，不仅需要创建具有一致性、确定性、稳定性与连续性的能够被社会普遍遵守的法律规则，还需要创新和完善必为、禁为、可为、限为等法律调整机制。

值得注意的是，农业水权配置的法律保障制度所追求的安全价值目标总是存在于一定的法律秩序之中。秩序与安全的价值目标追求虽然都反对任意性，坚持一致性、连续性和确定性，[④]但两者是有区别的：农业水权配置的法律保障制度的秩序价值目标是非实质性的，它只对法律规则的存在、确定性和连续性提出要求，而与法律保护有关的安全则是实质性的，必须体现在规则的具体内容之中。

6.1.2.3 实现正义

正义，通常被称为公平、公正、正直、合理、体现一种可接受性和可赞成性，是一个相对的和历史的概念，它的定义是有条件的、受制约的和可变的。在法学上，正义一般可以划分为分配正义与校正正义、社会正义与个人正义两类。在农业水权配置研究中，分配正义与校正正义是我们关注的重点。

(1) 分配正义，其含义包括"分配权利义务以确立正义""法律分配权利义务以确立正义模式""法律分配权利义务以确立正义秩序"三个方面的内容。农业水权配置的法律保障制度的分配正义价值目标体现在代内公平与代际公平两个方面，它是指农业水资源的开发、利用、保护工作既要考虑当

---

① 张文显主编：《法理学》，高等教育出版社、北京大学出版社 1999 年版，第 224 页。

② 李龙主编：《法理学》，武汉大学出版社 1996 年版，第 120 页。

③ 张文显主编：《法理学》，高等教育出版社、北京大学出版社 1999 年版，第 224 页。李龙主编：《法理学》，武汉大学出版社 1996 年版，第 116～117 页。李步云主编：《法理学》，经济科学出版社 2000 年版，第 64 页。

④ 沈宗灵主编：《法理学》，北京大学出版社 2001 年重排本，第 52～53 页。

代人的利益和要求，也要充分地顾及后代人的利益和要求，当代人的发展要不以损害后代人赖以生存和发展的环境为代价。代内公平与代际公平是20世纪90年代初期发展起来的一项法律基本价值目标。

(2) 校正正义，是指对侵害的财富、荣誉和权利的恢复和补偿。① 对农业水权配置的法律保障制度创新和完善的价值目标而言，校正正义主要涉及对受侵害的农业水权配置的财产和权利的恢复和补偿，包括以下两个方面的内容：其一，救济私权，补偿受害损失。② 其二，惩罚违法犯罪，恢复秩序。

6.1.2.4 生态和谐

生态理念为人们科学地认识世界、自然，认识人类自身的价值、人类与世界与自然的关系等提供了新的思维和研究方式。即对世界的合理秩序，对人在世界中的地位，对人的行为合理性有正确的认识和定位，构建以“生态合理性”为核心理念、价值取向的新的世界观和方法论。相关研究用生态学的理念解构现代文明社会片面的价值观念，按照社会生态的整体观念来构建新的经济、社会和人全面协调发展的模式。生态理论是一个包容性的理论，其中蕴含社会、经济与环境的协调发展。联合国1987年发表的文莱报告(*The Brundtland Report*)便将“社会发展、经济发展和环境保护”作为可持续发展的“核心支柱”。

价值正在受到可持续发展理论的重新审视，具有新的生命力，随着社会的发展被赋予新内涵。实现一个具有复原力的系统需要可持续发展，或者说需要一种让各种文化百花齐放的可持续发展。社会和技术创新的融合与人类生活和思考的方式不断互动，使得可持续发展也随着社会和技术创新一同演进。在这个过程中，新的行为和价值观慢慢呈现，与传统的长期以来的主流行为和价值观分道扬镳。这个过程为人们的生活品质提供了新思路，影响着我们对幸福的理解，也影响着我们做决定时的价值取向。可持续发展，将相关的理念与品质带入了公众的视野，让更多的人理解可持续的理念和品质，只有可持续的行为才能获得可持续的品质。

“Nature knows best(大自然所懂得的是最好的)”。自然本身所蕴含的

---

① 张文显主编：《法理学》，高等教育出版社、北京大学出版社1999年版，第253页。

② 葛洪义主编：《法理学》，中国政法大学出版社1999年版，第80页。

价值驱动人们树立价值观、生态观，人通过与自然的交往互动，逐渐反思、凝练与提炼价值，即学会顺应自然。

6.1.2.5 提高效率

在强调效益优先的市场经济条件下，农业水权配置的法律保障制度还必须把促进和提高经济效率、社会效率、环境效率作为一个重要的价值目标，即要提高农业用水的经济效率，承认和保证人们的物质利益，确认和保护产权关系，确认、保护和创造高效的保护和经济运行模式，保持社会的稳定，发展社会公共的福利，减少政府宏观调控和行政监管的成本，减少市场交易和环境保护费用，提高环境容量配置和资源利用的效率，改善法律保护的效果。

6.2 我国农业水权配置的法律保障制度的原则

我国农业水权配置的法律保障制度的原则是指对我国农业水权配置的法律保障制度创新和完善工作起指导作用的基本准则。一般来讲，法律制度的创新和完善应遵守正当性、合理性、系统性和可实施性的原则。体现在农业水权配置的法律保障制度的创新和完善领域，这四个原则可以具体化为：

6.2.1 市场调节、宏观调控和行政管理相协调原则

农业水权配置的法律保障制度存在一定的私法领域供求关系和一些可以转化为私法领域供求关系的公法关系。对于这些不涉及政治与意识形态的法律关系，为了促进其自我健康发展，保证资源配置的高效率，减少政府管理的成本和资源浪费，防止政府腐败和利益扭曲，①在保证必要的干预的前提下，应尽量压缩政府干预的范围和程度，把它们纳入市场调节的范围或融入市场调节的机制，发挥市场机制的作用。② 只有发展市场调节机制，才

---

① 魏杰：《市场经济前沿问题》，中国发展出版社 2001 年版，第 47～49 页。

② 国家环境保护总局科技标准司、中国环境科学学会编：《市场经济与环境保护》，中国环境科学出版社 2000 年版，第 8 页。

能发挥各方面的积极性，提高农业水资源的利用效益，改善环境保护的效果。①

由于市场本身存在自发性、盲目性及无法解决环境污染与生态破坏等外部不经济性的缺点，难以长期保持动态的供求平衡，无法维护社会的分配与竞争公平，难以维护环境安全，难以实现环境法律关系领域的正义价值目标，无法促进包括保护环境、改善社区福利设施、建设城镇与农村基础设施、发展国民教育在内的社会公共利益，无法以促进社会稳定的角度来促进就业。因此，在市场经济时代，农业水权配置在需要市场机制的同时，也迫切需要国家进行适当和合理的干预。② 国家干预农业水权配置属于环境保护的监督管理范畴，其手段主要包括采取宏观调控和具体的行政管理措施两类。环境保护的宏观调控也称为宏观管理，是指国家采取措施对农业水资源领域的一些重要供求关系和结构关系采取一定的限制或促进措施的过程。③ 宏观调控的主体既可以是国家权力机关，如全国人民代表大会享有环境保护的预算与决算权，享有农业水权配置的法律保障制度制定权，也可以是政府机关，水行政主管部门的行政许可权。宏观经济管理与市场机制相互依存，相得益彰，值得注意的是，宏观调控不是针对私法自治的领域，而是私人力量所不能及或不能解决的重要领域，④而且往往是容易造成市场失灵和外部环境不经济性不断增长的领域。由于宏观调控具有调整领域的有限性和重要性，调整手段的宏观性，监督管理的非经常性等特点，因而需要在市场机制和宏观调控手段之外创设一个可以对涉及农业水权配置的公共利益的行为进行日常管理和监督的机制，这就是环境行政管理制度的创设，实行环境行政监督管理的法制化⑤。

6.2.2 权益的平衡、协调与制约原则

该原则包含以下四个方面的内容：

---

① 如排污权初始分配的收益拍卖与政府回购补贴制度就是一个典型的例子。参见[美]泰坦伯格著，崔卫国、范红延译：《排污权交易》，三联书店1992年版，第110页。

② 曲格平：《社会主义市场经济下的环境管理》(上)，载《环境保护》1999年第4期，第11页。

③ 黄范章编：《外国市场经济的理论分析与实践》，商务印书馆1998年版，第24～28页。

④ 王保树主编：《经济法原理》，社会科学文献出版社1999年版，第310～311页。

⑤ 国家环境保护总局科技标准司、中国环境科学学会编：《市场经济与环境保护》，中国环境科学出版社2000年版，第102页。

（1）农业水权配置权力与权力之间的平衡、制约和协调原则

强调农业水权配置权力之间的监督与制约及平衡，协调与制约可以防止农业水权配置权力过分集中于某一或某些部门，进而提高环境行政监管的效率，一定程度地预防和遏制官僚主义甚至腐败现象的发生和蔓延。如为了防止行政主管机关及工作人员滥用职权谋取私利，我国《水法》规定了水行政主管部门对环境保护行政主管部门进行监督和制约的机制。以农业水污染物排放总量控制指标核定权限的限制为例，该法第三十三条第三至第四款规定："县级以上人民政府水行政主管部门或者流域管理机构应当按照水功能区对水质的要求和水体的自然净化能力，核定该水域的纳污能力，向环境保护行政主管部门提出该水域的限制排污总量意见。县级以上地方人民政府水行政主管部门和流域管理机构应当对水功能区的水质状况进行监测，发现重点污染物排放总量超过控制指标的，或者水功能区的水质未达到水域使用功能对水质的要求的，应当及时报告有关人民政府采取治理措施，并向环境保护行政主管部门通报。"以新建，改建或者扩建排污口的审批权限限制为例，《水法》第三十四条规定："在江河、湖泊新建、改建或者扩大排污口，应当经过有管辖权的水行政主管部门或者流域管理机构同意，由环境保护行政主管部门负责对该建设项目的环境影响报告书进行审批。"

值得注意的是，虽然权力的相互平衡、协调和制约以多部门相关行政职权的设立为前提，但是如果行政权力过于分散，而要相互平衡、协调和制约，可能导致行政监管成本过高和相互扯皮的现象发生。因此强调行政权力的统一监督管理或统一协调，指导和监督是非常必要的。

（2）农业水权配置权力对其他公权的合理制约原则

之所以强调农业水权配置权力对其他公权的合理制约，其目的主要是为了防止其他公权不合理的行使给农业水资源造成不应有的污染和破坏。例如，《环境影响评价法》第八条对工业、农业、畜牧业、林业、能源、水利、交通、城市建设、旅游、自然资源开发的有关专项规划规定了环境影响评价及其报送制度。在一些国家，环境影响评价的公权对其他类型的公权限制更加广泛，如按照美国《国家环境政策法》第一篇第二节第二条第一至第二款的规定，美国环境影响评价制度的适用对象不仅包括建设项目，还包括政府行动和规划，因而其评价程序也呈现多样化特点。

(3) 农业水权配置中私法权益和其他私法权益的平衡、制约与协调保护原则

农业水权配置中私法权益,与其他私法权益在同一地域往往是同时存在和相互影响的。当私法权益发生冲突时,任何一方享受自己权益的同时,不可能不限制双方享受财产的权利;法律必须为冲突的双方权益创造最佳的协调或限制方式,以保护双方最大的自由和利益。① 而最佳的协调或限制方式是指法律创设找到一个平衡点。

(4) 农业水权配置中公权与私权之间的合理限制或制约原则

该原则又包含以下两个方面的内容:

一是公权对私权进行合理的限制。之所以对私权进行合理的公法制约,即用公权来干预私权的行使,是为了协调和平衡个人利益与公共的环境利益。以农民林木所有权实现法律制度的创新和完善为例,如果承认农民可以不受限制地行使其所有权能,大量砍伐林木的行为可能造成水土流失甚至土地沙化的现象,进而影响空气和河水的质量;但如果完全禁止农民砍伐其所有的林木则不符合私权自治的原则。因此,必须既承认村民砍伐林木的私法自治性,又要对其行为进行合理的公法限制。在承认村民砍伐林木的私法自治性方面,我国《森林法》第三十二条第一款规定,农村居民采伐自留地和房前屋后个人所有的零星林木可不申请采伐许可证。在对林木砍伐行为的公法限制方面,该法在第三十条规定年度木材生产计划之后,在第三十一条规定了采伐的规则。再以企业的生产经营行为和设备,工艺的引进行为为例,它们属于企业的私权行为,但是对于可能危害社会公共环境利益的,就应该受到一定的公法限制,为此《水污染防治法》《大气污染防治法》《海洋环境保护法》等单行环境法律规定了落后设备和工艺的淘汰制度。

二是环境私权对公权进行合理的制约。之所以坚持对公权进行私权限制的原则,其目的一是为了预防和遏制环境公权的滥用,二是为了救济和填补被公权侵害了的私权。环境行政诉讼制度的创设就是私权对环境公权进行合理限制的典型例子。不过为了进一步保护环境私权,有必要对环境行政诉讼制度进一步地创新和完善,扩大环境行政起诉私权的干预范围。为了全面地保护公民的私权,在对农业水权配置进行法律保障制度的同时,一

---

① 高家伟:《欧洲环境法》,工商出版社 2000 年版,第 14 页。

些国家的立法扩大了私权对公权合理限制原则的适用范围，为公众创设了广泛的参与、监督和制约权。

6.2.3 环境有效与经济可行原则

（1）环境有效原则

环境有效原则是指在农业水权配置中运用法律手段能够有效地起到保护和改善环境的作用。如果农业水权配置的法律保障制度的创新和完善不利于环境的可持续保护和改善，或没有收到任何实际的效果，就有必要进行创新和完善。

（2）经济可行原则

经济可行原则是指农业水权配置的过程中不能给实施主体带来额外的或不必要的或难以接受的经济负担，在一定情况下还能最大限度地促进经济效益的提高。如果农业水权配置实施过于严格和烦琐，可能过分消耗用水户的精力和财力，这也是用水户难以接受的。

因此，农业水权配置的法律保障制度的创新和完善必须在环境保护效果和用水户的实施成本两个方面找到一个平衡点，即既要保护环境，达到一定的环境污染和生态破坏防治效果，又不致使用水户承担过多的经济成本。

6.2.4 实施可行与成本可接受原则

（1）实施可行原则

实施可行原则是运用法律手段加以保护之后的农业水权配置制度具有可操作性和可适用性，即在现实生活中能够得到遵守和适用。要遵守实施可行原则必须做到以下几点：

① 制度系统化。是指农业水权配置的法律保障制度在创新和完善时不仅要考虑其他配套制度的建设，还要考虑农业水权配置的法律保障制度与其他法律制度的衔接。

② 制度明确化、具体化。也称制度的细化，是指农业水权配置的法律保障制度的创新和完善必须具有可操作性，不致在现实的实施中产生歧义。

③ 创新和完善的连续化。在谈农业水权配置的法律保障制度的创新和完善时，学者一般比较理想，趋于考虑制度的应设性，而较少研究制度的创新和完善是否产生激变。但对于基层的执法者和行政管理相对人来说，农

业水权配置的法律保障制度的激变会给他们在政策的宣传、理解和实施中带来巨大的麻烦。因而制度的创新和完善必须符合理性，即符合实际，循序渐进，保持制度的连续性和相对稳定性。但这并不意味着农业水权配置的法律保障制度不能采取激变的方式进行创新，对于一些发挥关键性作用的农业水权配置的法律保障制度，一旦其不能适应环境保护、科技发展的需要，可以根据实际需要采取大刀阔斧式的创新。不过，为了使创新后的农业水权配置的法律保障制度能够在基层得到很好的执行，不致产生民愤，在制度激变的同时，也要采取一些衔接性、过渡性或先宣传后实施的措施。

（2）成本可接受原则

由于农业水权配置涉及行政权力的再分配问题，涉及用水户经济利益的重新调整问题，涉及用水户的环境权益保护问题，在一些时候还涉及国家环境主权的维护和保持社会稳定的问题，因此，农业水权配置的法律保障制度的创新和完善必须考虑政治成本和社会成本。农业水权配置的法律保障制度创新和完善如果太过完善、太过理想，就可能出现制度实施的烦琐化，不仅增加立法成本，还会增加行政管理机关的管理成本。因此，农业水权配置的法律保障制度的创新和完善必须在可操作性和管理成本可行两个方面找到一个平衡点，即既要使农业水权配置的法律保障制度具有相当的完善性和可操作性，还要不消耗国家过多的人力和财力资源。① 另外，由于人民群众是国家的主人，农业水权配置的法律保障制度的创新和完善还要充分考虑其意愿，这又涉及一个民意成本的问题。

6.3 我国农业水权配置的法律保障制度

6.3.1 需要法律的保障农业水权配置的路径

6.3.1.1 农业水权配置主体需要法律的规范和保障

按照确权类型、交易主体和范围划分，水权交易主要包括以下形式：

（1）区域水权交易：以县级以上地方人民政府或者其授权的部门、单位

---

① [美]泰坦伯格著，崔卫国、范红延译：《排污权交易》，生活·读书·新知三联书店 1992 年版，第 67 页。

为主体，以用水总量控制指标和江河水量分配指标范围内结余水量为标的，在位于同一流域或者位于不同流域但具备调水条件的行政区域之间开展的水权交易。

（2）取水权交易：获得取水权的单位或者个人（包括除城镇公共供水企业外的工业、农业、服务业取水权人），通过调整产品和产业结构、改革工艺、节水等措施节约水资源的，在取水许可有效期和取水限额内向符合条件的其他单位或者个人有偿转让相应取水权的水权交易。

（3）灌溉用水户水权交易：已明确用水权益的灌溉用水户或者用水组织之间的水权交易。

《水利部关于印发〈水权交易管理暂行办法〉的通知》规定如下：

第四条　国务院水行政主管部门负责全国水权交易的监督管理，其所属流域管理机构依照法律法规和国务院水行政主管部门授权，负责所管辖范围内水权交易的监督管理。

县级以上地方人民政府水行政主管部门负责本行政区域内水权交易的监督管理。

第十一条　转让方与受让方达成协议后，应当将协议报共同的上一级地方人民政府水行政主管部门备案；跨省交易但属同一流域管理机构管辖范围的，报该流域管理机构备案；不属同一流域管理机构管辖范围的，报国务院水行政主管部门备案。

第二十条　灌溉用水户水权交易在灌区内部用水户或者用水组织之间进行。

第二十一条　县级以上地方人民政府或者其授权的水行政主管部门通过水权证等形式将用水权益明确到灌溉用水户或者用水组织之后，可以开展交易。

第二十二条　灌溉用水户水权交易期限不超过一年的，不需审批，由转让方与受让方平等协商，自主开展；交易期限超过一年的，事前报灌区管理单位或者县级以上地方人民政府水行政主管部门备案。

第二十三条　灌区管理单位应当为开展灌溉用水户水权交易创造条件，并将依法确定的用水权益及其变动情况予以公布。

第二十四条　县级以上地方人民政府或其授权的水行政主管部门、灌区管理单位可以回购灌溉用水户或者用水组织水权，回购的水权可以用于灌区水权的重新配置，也可以用于水权交易。

第二十五条　交易各方应当建设计量监测设施，完善计量监测措施，将水权交易实施后水资源水环境变化情况及时报送有关地方人民政府水行政主管部门。

省级人民政府水行政主管部门应当于每年1月31日前向国务院水行政主管部门和有关流域管理机构报送本行政区域上一年度水权交易情况。

流域管理机构应当于每年1月31日前向国务院水行政主管部门报送其批准的上一年度水权交易情况，并同时抄送有关省级人民政府水行政主管部门。

第二十六条　县级以上地方人民政府水行政主管部门或者流域管理机构应当加强对水权交易实施情况的跟踪检查，完善计量监测设施，适时组织水权交易后评估工作。

第二十七条　县级以上地方人民政府水行政主管部门、流域管理机构或者其他有关部门及其工作人员在水权交易监管工作中滥用职权、玩忽职守、徇私舞弊的，由其上级行政机关或者监察机关责令改正；情节严重的，依法追究责任。

第二十八条　取水审批机关违反本办法规定批准取水权交易的；转让方或者受让方违反本办法规定，隐瞒有关情况或者提供虚假材料骗取取水权交易批准文件的；未经原取水审批机关批准擅自转让取水权的，依照《取水许可和水资源费征收管理条例》有关规定处理。

第二十九条　水权交易平台应当依照有关法律法规完善交易规则，加强内部管理。水权交易平台违法违规运营的，依据有关法律法规和交易场所管理办法处罚。

农业水权配置的主体是水行政管理机构，在农业水权配置过程中利益交叉和冲突不可避免，为了尊重和保护正当权益，就必须制定共同遵守的法律规则，明确赋予农业水权配置的权力，这就需要以法律的形式来明确界定和规范行政管理机构的权利和义务关系，为农业水权配置的运行提供必要的保障。

6.3.1.2　农业水权配置的运作需要法律的规范和保障

在农业水权配置运作过程中，水行政管理机构对水资源的调控不是直接地干预，而是在法律规定的轨道上进行间接和宏观调控。这种调控必须在法律规定的范围内，而非是超越法律的行政行为，必须用法律约束分配行为.保证农业水权配置的公正、公开和公平。

6.3.1.3 农业水权配置的有效监督需要法律的规范和保障

在农业水权配置完成后，有效的监督是水权管理中一个不容忽视的权力。监督的重要内容是农业水权配置及其后果。监督的作用一是保证水资源分配合理、公平、公正，不出现权力滥用和腐败行为；二是确保水资源使用方式、方法在既符合自身发展需要的同时，又不危害子孙后代的利益。监督的现实过程也需要法律予以规范和保障。

6.3.2 农业水权配置中法律保障的功能

初始水权的法律保障制度是由国家制定或认可并由国家强制力作后盾的全社会普遍遵守的规范体系。它通过发挥评价、规范、保障和制裁等功能，使农业水权配置主体进行水权分配，从而使分配过程有序、高效地正常运行。

6.3.2.1 评价功能

初始水权的法律保障制度作为一种特殊的社会规范，具有判断、衡量水权分配主体行为是否合理公正的评价作用。法是一种带有价值判断的行为规则，是衡量主体行为的标准和尺度。法律通过评价功能，可以影响水权分配的价值观念和行为标准。在水资源日趋紧迫、生态环境日益重要的今天，可持续发展成为水权分配的指导思想，法律在建立水权初始分配过程中的评价功能就显得更加重要。

6.3.2.2 规范功能

法律正是通过其规范作用，即规定主体之间在法律上的权利、义务关系或职权、职责关系，也赋予主体的行为以一定的法律后果，用以调整和保护农业水权配置的社会关系。农业水权配置的法律保障制度将具有普遍的、必须遵循的效力。法律的规范功能以其极大的权威性、连续性、统一性、平等性和高效率服务于水权分配的建设。

6.3.2.3 保障功能

初始水权的相关法律制度保障着各个主体的地位平等和正当权益，维护初始水权运作的正常运行，并提供有效的社会保障。

6.3.2.4 制裁功能

农业水权配置的法律保障制度的强制作用是通过对违法行为的制裁表现的。尽管农业水权配置是建立在民主、科学的基础上，法律的功能之一就是未雨绸缪，设置强制性、惩罚性的措施以维护法的权威性，保护各方主体的合法权益。

6.3.3 初始水权的法律保障制度的内涵

初始水权的法律保障制度既带有实体法的性质，又有程序法的内容，是实体法与程序法的有机统一。农业水权配置的法律保障制度既是有传统法律的因素，又在社会经济生活的发展中赋予其新的内涵，其调整方法是经济、行政和法律等有机结合的方法。

6.3.3.1 实体方面——初始水权的法律定位

农业水权配置应该在水资源法规和民法的约束下建立：首先，要确立农业水权的法律地位，我国《水法》第三条规定水资源属于国家所有，《物权法》第四十六条规定矿藏、水流、海域属于国家所有，还应进一步对农业水权作为用益物权加以规定；将取水许可明确为水权许可，并对农业水权配置等关键性环节加以原则性规制。目前，水法以及相应法律中对初始水权申请没有规定，有必要在今后的立法工作中加以完善，以确保初始水权作为一项财产权的明晰稳定，避免不法侵害。

立法模式是物权法与水法相结合。

由于水资源除了具有经济价值外，还具有生态价值、美学价值、国防价值等方面的价值形态，因此，除了经济形态的水权和水体容量使用权外，还存在对水资源的其他价值形态进行支配的其他水权，这些水权囿于其浓厚的公法色彩使得其根本无法进入作为私法的传统物权法的体系。这导致的结果是，无论经济性水权还是水体容量使用权的行使都要受到其他公法性水权的制约，使得经济性水权和水体容量使用权与传统的物权存在一定的差别。因此，就水权的性质而言，水权是一种复合性权利，它具有多层次性，既有大量属于私权范畴的内容，又带着不少与私权格格不入的公法色彩。因此，水权与传统民法中的物权并不完全相同，水权是一种准物权。不同法律属性的水权类型在同一特定水资源上的存在必然造成权利间的相互冲突。而物权法无法单独完成规制水资源的重任,还要求对水资源进行特别立法。因此,经济形态的水资源和部分生态形态的水资源进入物权法后,将出现物权法与水法并存的局面,这就产生物权法与水法如何协调的问题。笔者认为,在水法对相关问题有规定的情况下,应依特别法优于一般法的原则优先适用水法,在水法对相关问题没有规定的情况下,才能适用物权法上的规定。

6.3.3.2 程序方面

1. 程序建构的法律理论

农业水权配置的程序框架应当是保障权利制约权力、促进权力与权利的对话并由此达成二者之间共信的良性互动的模式。这其中包含三个法律理念。

(1) 对话(Dialogue)

对话是一种和平而强制性的交往活动,是一种平等而非高下相殊的交互过程。这里可借鉴"交往理论"中的"交往"(communication)理性概念来阐述本书"对话"的内涵①。根据哈贝马斯的理解,交往理性要求主体以语言为中介,进入互动状态,其中实际操作的应是交往行为,才能保证主体平等参与。关于交往行为,哈贝马斯指出,它"首先是指,使参与者能毫无保留地在交往后意见一致的基础上,使个人行动合作化的一切内在活动"。在交往活动中,理解过程以意见一致为目标。意见不一致不能强加于另一方;明显通过外在强力干预产生的结果,不能算作达成意见一致。

良性的互动对话机制对于建立农业水权的重要功能在于:

a. 疏通水管理者与用水户之间的阻隔,增进彼此间的真诚理解和相互沟通。

b. 对话直接促进用水户和水管理者获得更多的知识信息。在对话过程中,用水户从水管理者处更多地理解到农业用水的政策、水资源信息,从而为作出真实、明智的判断奠定基础。

水管理者可以通过对话了解民意所在,真正掌握民心向背及施政缺失,

---

① 转引自侯健:《舆论监督与名誉权问题监督》,北京大学出版社2002年版,第59页。

可作为农业水权制定、实施的依据。

c. 对话的目的还在于增加用水户与水管理者之间的相互了解与信任。是有效地实现农业水权的途径之一。

(2) 制约(Confine)

农业水权配置权力是公共权力,它可以提供公共安全和公共服务,透过它可以提供一种可控的和有序的秩序,从而实现水资源的有效分配。而这种权力是需要一定制约的。制约的内涵在于,在正确理解公共权力的基础上,恰当地配置权力,使它在一定范围内受到一定限制。这里包含两重意思:一是承认权力的存在;二是权力的行使受到限制。就农业水权配置而言,制约就是需要必要的监督,使整个分配过程透明化、公开化,以助形成合理、科学的初始水权分配方案。

(3) 共信(Trust)

洛克曾把政府定义为一种信托(trust),社会是先于政府存在的。社会首先源于一个把个人从自然状态下解脱出来的契约,然后这个新形成的社会建立了一个政府,政府机关居于公民之上,但是它与社会中的公民之间实际上是一种信托关系。如果它违背了自己的信用,社会就可以恢复其行动自由。

而这种信任是双向的,有关的制度建设不仅应当促进公民对政府的信任,而且应当有助于建立一个能够接受公民制约的政府。

维持与促进公民对政府的信任关系的方式和途径有很多种,其中最主要可能是:

a. 公民能够有效地制约政府。不能够制约政府的公民会怀疑政府服务公共利益的品质。

b. 公民和政府之间存在比较充分的交流和对话。相互信任是建立在有效制约和充分对话的基础之上的。这意味着公民只有能够自由充分地理解政府,能够通过一定的程序制约政府,才能信任政府。

本书认为,自由公开的对话和制约可以促进用水户与政府之间的相互了解,而相互了解是相互信任的基础。当一方表达了对农业用水的需求,另一方便可以知道他们在想什么,希望什么,主张什么,以便作出积极的反应。用水户与水管理者的信任关系,同时意味着有关的制度建设应当有助于建立一个能够接受用水户制约的机制,以创造一种适宜培养新人关系的制度环境。农业水权配置共信状态见图 6-2。

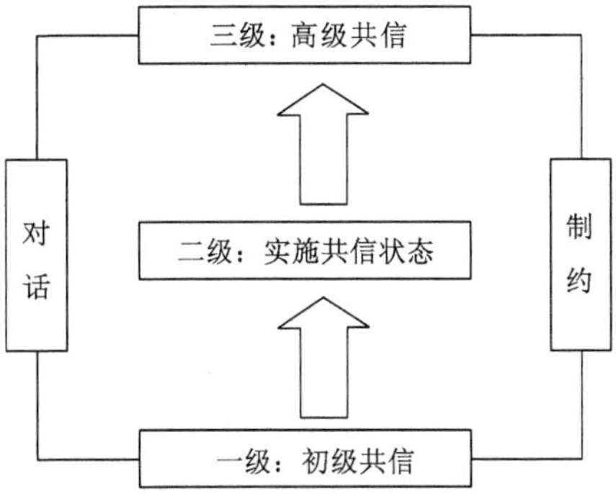

图 6-2　农业水权配置共信状态图

对话、制约与共信，是在监督活动中农业水权分配间的理想状态，是制度建设的目标，也就是说：通过保障权利制约权力，促进二者之间的对话，并有利于二者达成共信。

共信是农业水权配置的最终理想状态。这种理想状态，是各方对农业水权配置都满意的情况下形成的，这也需要行政机关开辟更多的对话渠道，逐步培养起来的。没有这种共信的状态，就无法营造稳定的环境，无法实现初始水权的分配。水权初始分配分为三级共信状态：第一级，初级共信状态；第二级，实施共信状态；第三级，高级共信状态。

2. 农业水权配置的具体程序

制约、对话和共信构成一种良性的、互动的关系框架，是实现农业水权配置程序的理论基础，但是尚需设定具体的程序加以运作。依靠基本理论，我们把握程序设计的方向；依靠具体程序，我们解决实际问题。

根据水权分配的范围，农业水权配置工作应依时间顺序“前、中、后”分配为三个阶段：分配前阶段、方案分配阶段和方案实施阶段。三个阶段分别涉及水权的所有权、使用权和流转权三项权属。只有水资源的所有权与使用权分离后，水权才能进行分配和流转，并在分配和流转过程中实现其价值。方案分配阶段是水资源的所有权与使用权的实现阶段，把三阶段与三项权属融合概括为“三三制”，如图 6-3 所示。

这其中体现了政策性与技术性的结合，尊重现状用水和兼顾发展需水

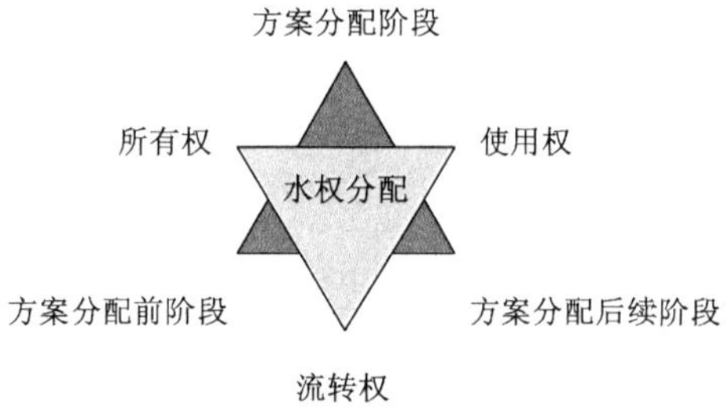

图 6-3　水权分配阶段图

的结合，自上而下的管理与自下而上的参与结合，民主与集中的结合。

1）分配前阶段

分配前阶段即水权分配的准备阶段，在此阶段中主要涉及水的所有权，《宪法》和《水法》都明确规定了水资源属于国家所有。这说明水权的法律属性中应当包括水资源所有权，其表现的是国家对于水资源的控制和管理。要进行水权分配必须首先“摸清家底”，确定农业可分配水量。通过水资源评价来确定农业水资源可利用量，作为合理配置水资源和水资源初始分配的基础。在此阶段，通过建构信息平台来完成。

在农业水权初始分配中，有效的信息交流是十分重要的。尤其是在分配的准备阶段，将采集的水资源信息进行有效的汇总，是水权分配的基础。由于农业水权初始分配涉及多元利益关系，农业水权初始分配主体一般从自己的利益出发，根据有限的信息作出不同的判断和决策，可能以偏概全、以小见大；水权初始分配的组织者也可能因信息掌握不充分、不真实，使水资源使用权初始分配各阶段方案不能反映农业现实。为协调好上下游、左右岸、干支流之间的关系，统筹考虑水的多种功能，需要加强信息的收集、传递和共享，通过良好的沟通和有效的信息交流，整合、协调和协商各方的行动。

构建信息平台的工作主要由水资源使用权初始分配协商办公室负责，通过对信息的收集、传递和处理，为零散的信息附加价值，组合成有价值的整体信息，为决策提供支持和依据。

(1) 工作层次

其工作基本分为四个层次：

首先是收集信息：收集农业生产、人口数量、产业结构、特别用水户数量与规模、水污染状况，以便进一步明晰水资源综合规划、调查评价的数据信息，并对所收集的信息进行整理和组织评估鉴定。

其次是信息交流：负责同农业水资源使用权初始分配主体、公众、媒体沟通和交流。

再次是信息分析：预测有关信息的正负面影响和有关利益主体对农业水资源使用权初始分配方案初稿和阶段稿的反应和看法，提出改善建议，并将一些重要信息及时向协商会议报告。

最后是监督和绩效评估：监督和评估方案的执行情况，了解水资源使用权初始分配利益各方在执行中的态度，提出未来调整和完善措施。

(2) 工作条件

① 法律条件

依法治国、建设社会主义法治国家是我国的基本治国方略。农业水资源使用权初始分配及其协商必须符合《中华人民共和国宪法》《中华人民共和国民法通则》《中华人民共和国水法》等有关法律规定。同时，为了保证农业民主协商的法律化、制度化、规范化，加强社会主义民主，健全社会主义法制，保障政府宏观调控与农业民主协商、准市场运作相结合的新型农业治理模式的实现。

另外，由于协商机制有利于扩大立法的民主基础，乌江农业一些农业规范性文件如《乌江农业综合利用规划报告》《长江农业水中长期供求计划研究报告》等，可以在立法程序中充分采用农业民主协商的办法，保障立法的公众参与。

② 技术条件

为保障农业水权初始分配及其协商工作顺利进行，必须具备一系列技术条件：

a. 要有完整的农业水资源评价，农业水资源量及各地区水资源量有可靠的数据来源。

b. 要有农业水资源承载能力及水环境承载能力的评价，以便确定水资源可开发利用量及农业、区域生态承载能力。

c. 对水资源进行合理的动态综合规划，对环境用水需求、经济用水需求、基本用水需求等的现实数据和发展变化进行摸底和预测。

d. 确定各地区用水控制指标，完善定额管理体系。要以农业内各个行政区域行业用水定额标准和大量统计样本调查为基础，以国内其他行政区域的行业用水定额为参照，充分考虑本区域各个行业用水状况、生态用水需求以及产业结构的现状与变化趋势，确立本区域各个行业用水定额及其总量控制指标。

e. 建立一个比较完整、系统的水资源计量监测系统，既能测量预报，又能监督，为农业水资源使用权初始分配方案的制定、实施和结果的调整提供计量监督技术。

③ 组织条件

长期以来，农业管理由于部门分割、职能交叉使水资源统一管理无法落实；由于缺乏履行职能所必需的自主管理权、经济实力、制约手段以及信息沟通的渠道，农业机构的地位虚化；农业管理与区域管理、行业管理与统一管理的关系没有理顺；用水户之间缺乏横向联系。所有这些都需要从体制上进行变革与创新，才能解决农业管理中存在的深层次问题。《水法》明确了农业管理与行政区域管理相结合的水资源管理体制，它是构建农业水资源使用权初始分配协商机制所需的组织条件。

a. 流域管理河长制

我国《水法》确立了农业机构的法律地位，确立了流域管理与行政区域管理相结合的管理体制。真正实现以农业为单元的统一管理，还有一个社会各界理解、认同和支持的过程。国外大江大河农业可持续发展和环境资源保护的成功经验说明，建立高效、权威、科学运行的农业机构，强化对农业水资源的宏观调控力，是实现农业综合开发治理的关键因素。农业机构应当履行统一规划，制定政策，协调农业资源、经济、社会、环境协调发展。在农业水资源使用权初始分配问题上，必须明确农业机构与地方之间的组织、协调、监督关系，农业机构扮演组织召集者、协调者、监督者和水资源使用权初始分配方案（草案）制定者的角色。必要时，还应当为维护国家和农业全局利益履行宏观管理职能。

b. 区域管理、部门协作

在农业水资源使用权初始分配中，行政区域管理是重要的组成部分，在加强流域管理的同时，要充分发挥地方政府和地方水行政主管部门的作用。同时，要强化有关部门在水资源开发、利用、节约、保护等方面的职能，做到科学分工、相互支持。为此，必须建立和完善水资源管理和保护中的信息通报机制、联合会商机制和联手行动机制。

c. 公众参与

现行的农业水资源分配管理以行政管理与行业管理手段实施管理，公众的知情权和参与权没有得到应有的体现。这样的管理方式难以适应水资源管理日趋复杂的状况，难以适应社会公众对水资源管理的要求。今后的农业水权制度建设必须强调用水户的广泛参与，建立用水户之间的横向关系，用水户以农业水利用为媒介建立利益共同体，从共同体中遴选代表，参与流域管理的决策，反映自己的意见与愿望，维护自身权益。

在此基础上，还应当建立农业水资源信息公布制度，明确信息发布的主体、内容、时间、渠道、信息反馈、保密制度等，向农业社会和公众发布水资源信息，使之了解区域水资源状况、供需预测、水价、灌溉进度以及水权登记交易等情况，为农业公众参与水资源管理，督促其节水和履行合约发挥作用。

农业水权分配准备阶段工作层次、工作条件关系如图 6-4 所示。

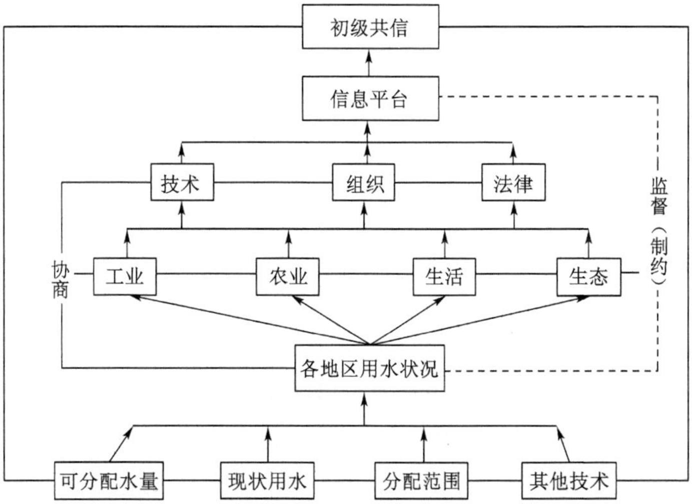

图 6-4　农业水权分配准备阶段工作层次、工作条件关系图

2）方案分配阶段

在完成了水权分配的各项准备工作并达成初级共信关系之后，水资源初始分配就进入至为关键的方案制定阶段。农业水权配置方案制定流程见

图 6-5,具体包括以下步骤:

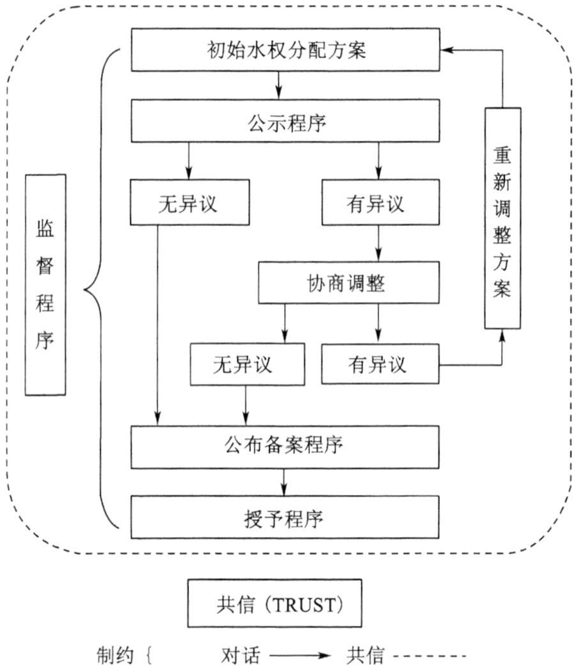

图 6-5　农业水权配置方案制定流程图

① 农业机构提出水权初始分配方案

水权初始分配的目的是要进一步明晰用水户的用水权益,因此农业水权配置应该详尽、明晰。

② 初始水权公示程序

初始水权公示的内容,不仅应该包括界定初始水权的用水目的、用水地点、引水量(包括流量过程限制)、机构设施的描述,以及有关水权优先权的界定与描述等必要的参数,还应该包括水权初始分配机理,相关的预测结果等。公示的目的主要在于通知所有与此初始水权利益相关的其他初始水权申请人,监督和协调水权界定,同时也增加了水权管理的透明度。此外,这也是水权授予的形式要件。

③ 协商调整程序

对农业水权配置方案有异议的,进入协商调整阶段。将有问题的农业水权配置方案发送有关机关、组织和专家征求意见，并就主要问题深入基层进行实地调查研究，听取各方用水户的意见。涉及农业水权配置重大问题时，农业机构应当召开由有关单位、专家参加的座谈会、论证会，听取意见，研究论证。并根据新的协商结果，对农业水权配置方案进行调整。若是经协商调整，还是不能达成共识，将进行新一轮农业水权配置。

④ 公布与备案

公布是农业水权配置生效的必要条件。农业水权配置方案必须公开发布，未经公布的不能认为已经发生效力。

备案是将已经公布的农业水权配置方案报水利部，使其知晓，并在必要时备查的程序。

⑤ 农业水权配置的监督程序

对农业水权配置过程进行必要的监督，能够促进水权分配更为科学、公正、合理，因此多方面、多层次的监控和限制是农业水权配置必不可少的环节。对农业水权配置的监督分为实质监督和形式监督两类。实质监督主要针对引水量(包括水量、水质、流量过程等)与所管理总数量的关系以及现用水对防洪、生态、环境等公共利益的影响。

形式监督是针对农业水权配置方案的形式，相关的材料是否完备进行的监督。

⑥ 初始水权授予的程序

当初始水权经公布一段时期，没有异议提出，或所提出的异议已经解决的情况下，水权管理机构即可授予用水户相应的初始水权。

3）方案实施阶段

方案分配后续阶段主要涉及对水权初始分配后的保护工作。一方面加强对分配后的水权的保障工作，另一方面，建设有效的救济途径，实现水权分配的高效运作。

方案分配后，有效的救济是水权分配的可靠保障。救济途径主要运用行政法及行政诉讼法的有关原理进行阐述，例如行政复议，听证程序等。需要说明的是，虽然“听证”和“复议”都是法律中的专门用语，涉及的是行政机关和行政相对人之间的关系，但由于这两个词能够较通俗地表达出在水权分配过程中应当“听取当事人的意见、允许当事人陈述和申辩”以及给当事人提供更多的救济途径的宗旨，因此，在水权分配的实施阶段借用了这两个概念。

（1）听证

行政相对人对水权初始方案有重大异议或分配方案影响到行政相对人的合法权益时，可以要求举行听证；在必要时，有关部门也可举行听证会，听取不同利益方的观点和要求。听证会可邀请不同利益方代表，以及有不同意见的部门或用水户参与，就存在异议的或影响当事人权益的方案进行辩论和申辩。

听证的主旨在于阐明分配方案的原则、依据、水权分配以及影响；听取不同意见方的观点和依据；听取不同利益方的关注点；给予异议方以陈述和申辩的机会等。有关部门应认真听取听证会上的意见，其中合理部分可予以采纳，对不宜采信的意见，应当说明理由。

如异议方仍坚持不同意见，可以进入复议或直接进入行政裁决程序。

（2）复议

经过听证后，异议方对于听证结果仍有意见，经过协商无法达成一致的，可以向水利部申请复议或者直接进入行政裁决程序。

（3）行政裁决

如果争议双方或多方对听证或者复议结果不服，争议各方仍无法达成一致意见的，经有关部门报水利部，由水利部报国务院进行行政裁决。

听证、复议或行政裁决结束后，有关部门应当告知异议方处理结果及依据并予以公布，接受公众查询。

6.4 完善我国农业水权配置的相关建议

6.4.1 完善我国农业水权配置的立法建议

根据我国水权制度的现状，要实现农业水权的分配，实现经济发展与生态保护并重，当务之急是对现行有关水资源管理与保护的立法予以修订，以改变我国在水资源开发中只注重其经济价值的利用、不注重其生态价值的保护的误区，为农业水权配置的运作奠定基础。有鉴于此，提出了以下几点建议：

6.4.1.1　确立水权的准物权属性

通过立法确立水权的准物权属性，是实行农业水权配置的首要前提，也是物权法定的必然要求。但由于水权制度主要规定在公法性极强的水法以及其他相关的行政立法之中，故水权的公权色彩极浓；加之水权因其客体具有流动性、不特定性等特征而与物权差异甚大，若在物权法典中对水权作出具体规定，似有不妥。故在今后的物权法典中，只宜对水权作出原则性规定，明确其准物权属性，从而在理念上和规范设计上，给水权乃至整个准物权奠定成长的基点。至于初始水权的具体内容，则宜由作为单行法的《水法》来予以规定。

6.4.1.2　完善有关水资源生态价值保护的法律规定

首先，应对作为环境保护基本法的《环境保护法》作进一步修改完善。一方面，应改变其偏重于污染防治的现状，增加保护和改善生态环境的规定，使生态保护与污染防治并重；另一方面，应对开征生态价值补偿费作出原则性规定，从而为水资源生态价值补偿机制的成长开辟空间。其次，应进一步完善作为水资源单行法的水法，改变其只注重水资源开发利用的现状；同时，对初始水权的法律保障作出进一步的具体规定，使之更具可操作性。

6.4.1.3　确立农业水权配置在水资源配置中的基础性地位

建立有序的农业水权配置的运作机制，并制定一套公正合理的分配规则，从而实现水资源的高效率配置。只有在坚持公平、合理、科学的基础上，充分发挥流域管理机构的作用，将水权制度和水管理制度有机结合起来，方能改变水资源低效率利用的状况，实现资源的优化配置。为此，应从立法上对农业水权配置予以明确规定，同时确认各类用水户的主体地位，保护其在水权活动中所享有的民事权利。

6.4.1.4　完善有关水资源监督管理的法律规范

由于水资源管理中必然会出现集权与分权，因此必须正确处理统管与分管的关系，建立有效的部门冲突协调处理机制。首先，应进一步完善我国已制定的四部有关水资源管理保护的法律规范，即《环境保护法》《水法》《水污染防治法》《水土保持法》，并保证这些法律之间的协调统一，从而在法律上明确各相关管理部门的具体职权及其履行程序；其次，应成立由各自然资源和环境管理部门组成的常设协调机构，最大限度地协调各相关部门的政策。在实际操作上，可在全国生态建设部际联席会议的基础上，进一步提高其法律地位，强化其在水资源管理中的协调功能；同时，应将这种协调处理机制进一步法律化、程序化，使其更具稳定性和可操作性。然而，水资源监督管理工作复杂而艰巨，行政干预对市场失灵的纠正必有其局限性，从而导致政府失灵。因此，必须充分贯彻环保工作中"依靠群众保护环境的原则"，将对水资源的国家监督管理和群众参与相结合，将依法保护水资源和人民群众自觉维护相结合，才能搞农业水权配置工作。为此，应从立法上进一步完善公众参与环境保护的制度，鼓励公众积极参与到水资源管理之中，切实发挥公众监督的作用，以期实现初始水权高效、公平、公正的分配。

6.4.2 加强农业水权配置的相关制度建设

水权的所有者是国家，但是水权最终要分配到用水户手中，水权的分配一头连着公权力，一头连着私权利；水权的分配既涉及政府职能的行使，又涉及用水户利益的取得。因此，为了顺利实施农业水权配置，为了使农业水权配置更加民主、公正，也为了使有关部门和各级水行政部门便于水资源的监管，建议加强与区域水权分配相关的一系列配套制度的建设，包括民主协商制度、听证制度、公示制度、争议解决制度等，以建立一整套符合农业发展的水权制度。

6.4.2.1 协商制度

由于水资源本身的特殊性，水权问题具有广泛社会性和全局性。农业水权配置协商机制的建立，就是为公众提供可广泛参与的平台，促进政府管理决策的民主化、科学化。协商制度的具体内容包括协商的主体、协商的内容、协商的原则、协商的程序、争议解决方式、权利义务、法律责任等。

6.4.2.2 听证制度

听证是行政机关为制定和实施行政决定，公开举行由利害关系人参加的听证会，广泛听取各方面意见的活动。也就是说流域管理机构在制定和公布分水方案前，公开举行由相关利益的省(区)和独立用水户参加的听证会，广泛听取他们的意见后再决定公布正式分水方案。听证制度应当包括听证的范围、听证的主体、听证的程序、听证的期限等。

6.4.2.3 公示制度

现代行政权力的制约和政务公开，在很大程度上有赖于公示制度。农业水权配置中公示制度的具体内容包括公示的目的、公示的内容、公示的范围、公示的形式、公示的程序、公示的期限等。

6.4.2.4 争议解决制度

农业水权配置涉及各省（区）和用水户的重大利益，仅仅依靠协商不仅可能效率低下，而且对各方互不相让的问题缺乏应对措施可能会使得整个过程陷于瘫痪。因此，争议解决制度是一个完备的、可操作的水权分配程序所必须包含的。争议解决制度的具体内容应当包括争议解决的主体、条件，争议解决的原则、程序，争议解决的方法、途径，争议解决的执行及其法律效力等。

6.4.2.5 监督管理制度

在进行水资源初始分配时要建立有力的监管制度，这是因为首先《宪法》和法律都明确规定水资源属于国家所有，农业水权配置时也必须体现所有者的监督管理权限。

建立监管制度具体应当包括以下几方面内容：第一，组织农业水权配置的权利和义务；第二，主持和参与协商过程的规则；第三，争议解决并行政裁决的责任；第四，对于下级水行政主管部门农业水权配置方案的制定和实施进行备案管理；第五，水资源日常监测和管理办法；第六，对超额用水、超额排放污水等违法行为的监管和查处等。

6.4.2.6 信息采集和汇总制度

目前，我国水资源管理信息化制度建设滞后，这与信息时代的要求和水市场要求国家对水资源有一定的控制力和迅速的反应能力不符。因此，在农业水权配置之前首先必须加强信息采集、传输等基础工作，建立有效的水资源实时监控管理系统和水利信息的快速通道，及时汇总水资源的各种情报。

7 河流初始水权体系中农业水权的法律保障制度运作

——以乌江流域为例

7.1 乌江概况

7.1.1 自然条件

乌江古称“延江”，又称“黔江”，是长江上游右岸最大的一条支流，发源于贵州省西北部乌蒙山东麓，有南、北两源：南源三岔河，源于威宁彝族回族苗族自治县东；北源六冲河源于赫章县北，习惯上以三岔河作为主流。两源在黔西县化屋基汇合，后称鸭池河。东北流到遵义县乌江渡以下始称乌江。经思南、沿河等县至重庆市酉阳土家族苗族自治县龚滩，折向西北流，于涪陵汇入长江。

乌江流域位于东经 104°10′～109°12′，北纬 25°56′～30°22′，全长约 1 037 km，流域面积 88 400 km^2。分属云南、贵州、湖北、重庆四省市，其中 80%位于贵州省境内。

乌江分上、中、下游三段：河源至化屋基为乌江上游，正源三岔河河源至化屋基长 325.6 km，平均比降为 4.29‰。北支六冲河是乌江上游最大支流，于化屋基汇入乌江，河长 273.4 km，平均比降 4.73‰。三岔河与六冲河均为典型山区性河流，大部分属深切峡谷，岩溶发育。

化屋基至思南为乌江中游河段，河段长 368.8 km，平均比降 1.37‰。河流穿行于大娄山与苗岭、武陵山之间，大致呈东北流向。本河段多为高山峡谷、两岸山岭与江面相对高差多在 100 m 以上，枯水时水面宽约 30～100 m。

思南以下为下游，河段长 342.6 km，平均比降 0.65‰。河流折向正北，河谷狭、宽相继出现，水面一般宽 70～100 m，乌江各河段特征见表 7-1。

表 7-1　　乌江干流河段分区情况表

河段	起止地名	集水面积/km^2		河长/km	落差/m	比降/‰
		区间	累计			
北源	六冲河河源——化屋基	10 874		273.4	1 293.5	4.73
上游	三岔河河源——化屋基	7 264	18 138	325.6	1 398.5	4.29
中游	化屋基——思南	33 132	51 270	368.8	503.7	1.37
下游	思南——河口	36 650	87 920	342.6	221.3	0.65
全河	三岔河河源——河口	87 920	87 920	1 037	2 123.5	2.05

乌江支流呈羽毛状分布，河网密度较大，平均每 100 km^2 河长约 17 km，流域面积左岸略大于右岸。面积在 1 000 km^2 以上的支流有 16 条，2 000 km^2 以上支流除北源的六冲河外，位于右岸的有猫跳河、清水江、石阡河、唐岩河、郁江，位于左岸的有野纪河、偏岩河、湘江、六池河、洪渡河、芙蓉江和大溪河等。

7.1.2 流域用水现状

7.1.2.1 用水量

乌江流域内用水主要有消耗性的农业用水、工业用水、火力发电用水、生活用水和农村牲畜用水。此外，还有非消耗性用水，主要是河道内用水。河道内用水主要用于水力发电、航运、放木、维持河道生态环境、旅游等方面。河道内用水可以一水多用、重复利用，但是由于时空条件限制，乌江流域有些地方河道内用水无法重复利用；河道内用水部门多，存在各用水户间用水不协调问题。

2016 年乌江流域地表水资源总量 640.19 亿 m^3，地表水资源可利用量 102.23 亿 m^3，实际总用水量为 44.11 亿 m^3，实际利用量占地表水资源可利用量的 43.15%，实际用水总量还不到水资源可利用量的一半，可见流域水资源总体开发利用率不高，有相当的开发利用潜力。按行政区域划分，流域内贵州省总用水量为 40.10 亿 m^3，占全流域总用水量的 90.91%，重庆市总用水量为 4.01 亿 m^3，占全流域总用水量的 9.09%。

7.1.2.2 用水结构

2016年，乌江流域农业灌溉用水量23.76亿m^3，占总用水量的53.86%，工业用水量为12.33亿m^3，占总用水量的27.95%，城镇生活用水量为3.06亿m^3，占总用水量的6.92%，农村人口生活用水和牲畜用水量为4.76亿m^3，占总用水量的10.8%，林牧渔用水量为0.202亿m^3，占总用水量的0.46%。城镇用水和农村用水之比为16∶84。由此可见，乌江流域农业用水量最高，超过了总用水量的一半，其次是工业用水量将近占总用水量的1/3，林牧渔用水量最少。

乌江流域农业、工业和生活用水的构成如下：农业和林牧渔用水量占据乌江流域总用水量的54.32%，工业用水占27.95%，生活用水占17.73%。2016年乌江流域河道外各行业用水量统计见表7-2和图7-1。

表7-2 乌江流域水资源二级区水功能区达标统计表

水功能区	达标统计	乌江
保护区	评价个数	6
	达标率/%	83.3
	评价河长/km	244.0
	达标率/%	88.5
保留区	评价个数	18
	达标率/%	66.7
	评价河长/km	1 503.2
	达标率/%	58.0
缓冲区	评价个数	6
	达标率/%	83.3
	评价河长/km	135.4
	达标率/%	48.3
饮用水源区	评价个数	2
	达标率/%	100
	评价河长/km	17.6
	达标率/%	100

续表 7-2

水功能区	达标统计	乌江
工业用水区	评价个数	4
	达标率/%	75.0
	评价河长/km	171.4
	达标率/%	91.0
农业用水区	评价个数	1
	达标率/%	100
	评价河长/km	9.0
	达标率/%	100
渔业用水区	评价个数	
	达标率/%	
	评价河长/km	
	达标率/%	
景观娱乐用水区	评价个数	5
	达标率/%	60.0
	评价河长/km	135.0
	达标率/%	59.2
过渡区	评价个数	3
	达标率/%	33.3
	评价河长/km	52.5
	达标率/%	30.5
合计	评价个数	45
	达标率/%	71.1
	评价河长/km	2 268.1
	达标率/%	63.1

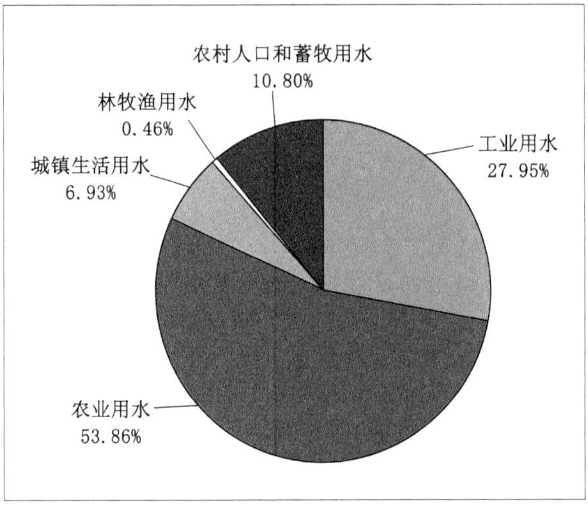

图 7-1　2016 年乌江流域各行业用水所占比例

按行政区域分，2016 年，乌江流域农业和林牧渔总用水量为 23.972 亿 m^3，其中流域内贵州省农业用水量为 21.69 亿 m^3，占农业总用水量的 90.5%，重庆市农业用水量为 2.28 亿 m^3，占农业总用水量的 9.5%；工业总用水量为 12.33 亿 m^3，其中贵州省工业用水量为 11.54 亿 m^3，占工业总用水量的 93.6%，重庆市为 0.79 亿 m^3，占工业总用水量的 6.4%；生活用水量为 7.83 亿 m^3，其中贵州省为 6.87 亿 m^3，占生活总用水量的 87.7%，重庆市为 0.96 亿 m^3，占生活总用水量的 12.3%。

综上所述，流域内贵州省和重庆市的农业和林牧渔用水量占据流域农业和林牧渔总用水量的 90.5%和 9.5%；两地区工业用水量分别占流域工业总用水量的 93.6%和 6.4%；两地区生活用水量占流域生活用水总量的 87.7%和 12.3%。

7.1.2.3　乌江流域农业用水的特点

乌江流域水资源的主要特点：一是天然水资源量丰沛，现状水资源需求量不大；二是水质较好，乌江水质总体能达到地表水Ⅱ类水质要求；三是用水效率不高，浪费现象严重，流域内用水重复利用率仅为 44.3%。

7.2 河流初始水权体系中农业水权

河流取水权体系(图 7-2)中的农业水权,即农业取水权,是指农业生产应该拥有的水权。在河流取水权体系中设立农业水权是必要的,原因在于:

第一,农业是弱质产业,农业用水容易受到侵犯。

农业是弱质产业,效益比较低;农民是弱势群体,经济承受能力低,农业用水容易受到侵犯。近年来随着经济的飞速发展,工业和城市生活用水急剧增加,大量农业用水通过不同途径转移为非农用途,同时工业发展还引起了水污染,使得愈来愈多的流域不适用于灌溉,这都加剧了农业水资源的短缺。设立农业水权,有利于保护农业发展;另外,国外许多发达国家都采取对农业进行补贴的政策。2016 年,国务院办公厅印发关于农业用水改革的意见,要求建立农业用水精准补贴机制,重点补贴农民定额内用水。

第二,农业用水牵涉到粮食安全。

水利是农业的命脉,水和土地是粮食生产的战略资源,在我国尤其如此,农作物生产中灌溉面积上的生产占有举足轻重的作用,近 80%的粮食产于灌溉农田。

第三,农业是河流取水权体系中占用用水份额最多的部门。

农业一直是用水大户。因此,应鼓励水资源从低效农业向高效农业配

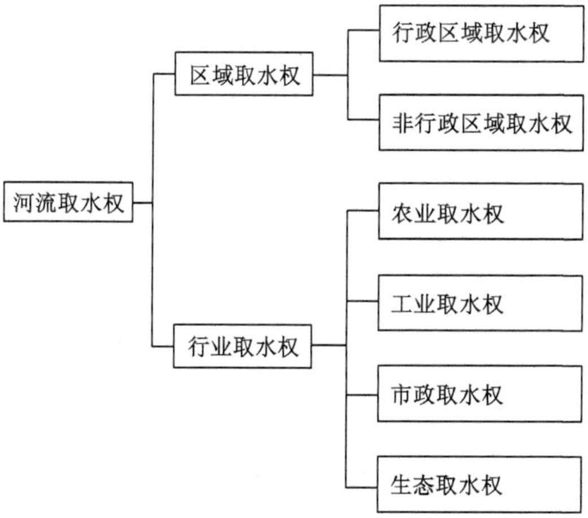

图 7-2 河流取水权体系

置,促进农业节水。设立农业水权将为合理规范从农业向非农业的水权转让提供条件。

7.3 河流初始水权体系中农业水权的法律保障制度运作

7.3.1 协商机制

7.3.1.1 对乌江流域农业水资源分配中协作机制的分析与评价

目前,乌江流域在《中华人民共和国水法》《取水许可制度实施办法》等主要法律法规框架下,逐步明确了水资源管理的基本制度和方法。《取水许可申请审批程序规定》《取水许可监督管理办法》《取水许可水质管理规定》《水行政处罚实施办法》《建设项目水资源论证管理办法》及农业用水定额、标准等从不同方面对农业水资源分配及其管理作出规定,长江水利委员会还分别制定了流域或区域水资源管理法规或规范性文件,水资源无序开发的现象基本得到遏制,为水资源的统一管理和水资源分配制度的建立奠定了一定基础。但是,从整个乌江流域农业用水来看,协作协商机制在农业水权配置中应用不到位,存在如下问题:

其一,不同部门、行业间协调与合作水平有待提高(河长制①)。从目前情况看,乌江流域水资源分配缺乏有效的部门、行业协调机制,农业、水电、供水、林业等部门就水资源的利用和管理有着各自的利益和职权,缺乏决策与实施阶段的协调、协商和信息资源的共享,基于水资源可持续利用的流域统一管理还需改革和加强。同时,农业用水被挤占的情况时有发生。因此,如何在水资源统一管理的体制下实现部门、行业有效合作,提高统筹管理水平是一项艰巨的工作。

其二,农业用水户与水行政管理部门之间的沟通与互动机制有待健全。

---

① 全面推行河长制,是党中央、国务院为加强河湖管理保护作出的重大决策部署,是落实绿色发展理念、推进生态文明建设的内在要求,是解决我国复杂水问题、维护河湖健康生命的有效举措,是完善水治理体系、保障国家水安全的制度创新。为贯彻落实《中共中央办公厅 国务院办公厅印发〈关于全面推行河长制的意见〉的通知》(厅字〔2016〕42 号,以下简称《意见》),确保《意见》提出的各项目标任务落地生根,取得实效,制定河长制实施方案。

我国传统的流域水资源管理主要依赖于行政部门，缺乏农业用水者的参与，在乌江流域也不例外。这种单一的行政管理模式难以实现决策层、管理者和用水者之间的沟通，不利于水资源的优化配置和节约用水。

水资源是人类生产、生活及整个生物界生存不可替代的自然资源和环境资源。在21世纪，水资源问题将会成为我国经济社会发展的重大制约。在此形势下，水资源使用权初始确认的过程对流域内省（区）来说是利益的重新分配过程，具有问题复杂化、矛盾尖锐化和不易协调等特点。必须通过相关利益方的民主协商才能达到预定目标。因此，建立民主协商机制是乌江流域水资源使用权初始分配这一系统工程中必不可少的内容。

7.3.1.2 流域水资源使用权初始分配协商机制的特点

(1) 建立在民主基础上的协商

民主原则是协商机制运行的基础。协商这种议事方法不在于最后的表决，不在于形式上的多数少数，主要在于利益主体能够平等交流、事先协商、反复讨论。

(2) 吸收了自律管理模式的优点

所谓自律管理，也称自我管理，本是指市场监管模式的一种形式，指行业中的企业按照行规协约，实行律己式管理，以促进行业的公平、有序发展。自律管理有着不可替代的地位，主要是因为相对于政府监管，它具有比较优势和特殊作用。一般说来，自律性监管之所以行之有效，主要原因有四点：首先，自律管理与行政监管具有互补性。其次，自律管理具有灵活性。再次，自律管理具有专业性。最后，实行自律管理满足了市场监管的多层次性需要。在农业水权配置中运用协商机制，地方政府必然要向协商会议反映农业水资源管理的意见与建议；或提出解决与其他行业在水资源使用中的矛盾的办法，减少摩擦；地方政府还要协调本行政区域内用水部门、行业的关系，反对不公平竞争。由于协商各方公平参与，相互妥协，相互让步，协商各方的自律性有所提高。在这一过程中，农业用水户因为协商建立起一种共同遵守合约、自我约束与相互监督结合的管理模式，为农业水资源分配方案的执行创造良好的内外部环境。

(3) 表现为农业部门和其他多部门的广泛参与

农业水资源的特殊性决定了农业水权配置是一项庞大的系统工程，涉及多个部门、不同行业，协商任务重。乌江流域内不同部门、行业广泛参与的前提在于承认其各自的权益。他们之间的协调和配合是公正、公平配置流域水资源使用权的必要条件。

(4) 在政府宏观调控下进行

对乌江流域农业水资源分配是在政府宏观调控框架内进行的。这样，经批准的流域水资源使用权初始分配方案具有了法律效力，是行政机关发布的具有普遍约束力的决定或命令，具有公定力、确定力、约束力和执行力，可以成为流域水资源使用权初始分配、调解或判决水事纠纷的法律依据。

7.3.1.3 协商机制的保障措施

(1) 加快监测和计量等基础设施建设

科学的监测信息和监测数据是开展乌江流域农业水权配置建设的技术支撑和重要基础。应从资金上保障乌江流域农业水资源监测和计量设施建设，即根据乌江流域水文水资源特点和供用水特征，从资金上支持必要的监测断面和大型取水点新增实时监测设施和计量设施，对原有监测设施和计量设施进行配套和更新，培训监测队伍，加大流域用水监测和计量力度。

(2) 保障公众的广泛参与

为搭建农业用水户了解内情、参与决策、表达意见的民主平台，还应当建立农业用水协会，推进公众参与。农业用水协会可以参与水资源使用权的确定、水价的形成、水量水质的监督、农户用水权的保护、水市场的监督等。政府还可依据实际情况赋予协会斗渠以下水利工程管理、维修和水费收取的权利，形成水资源管理各个环节公开透明的民主参与机制。总之，把协商机制引入乌江流域农业水权配置中是构建新型农业用水治理模式的需要，是流域治理从控制走向合作，逐步实现真正意义上的广泛参与的过程。构建信息畅通、平等表达的协商平台，使流域农业水权配置的政策、方法、措施、方案得到各方认可，从机制上保障了流域农业水资源分配的公平、公开、公正，有利于改善政府调控质量。民主协商基础上并经审查批准的流域农业水权配置方案不一定是参与协商各方的最优解，但却是较优解或妥协解，直接带来流域农业用水效益的提高。

7.3.2 监督机制

监督机制在乌江流域农业水权配置中具有不可取代的程序价值和实质

价值，在法律规制下，建立相应监督机制，保障流域农业水资源分配主体的平等地位，为社会主义市场经济条件下水市场的健康发育奠定民主管理基础，这应当是我国流域水权制度建设的重要内容。

7.3.2.1 监督机制总体思路

要全面地理解和把握农业水权配置的监督内容，需要从静态的结构和动态的过程两个方面来考察。

首先，从静态的结构来看，监督机制主要包括两个层次：第一个层次是“软”监督，所谓“软”监督是以非强制化、非法律监督的监督方式，强调公众的参与。第二个层次是“硬”监督，是指法律法规所规定的法律监督方式，强调法律的规范性、强制性。这两个层次又可以划分为四项内容：一是农业用水系统内的自我监督；二是系统之间的相互监督；三是公众的监督；四是专门机构的法律监督。

从动态的过程来看，监督机制主要有三个环节：一是农业水权配置之前的监督机制；二是配置运行过程进行监督机制；三是对配置后果进行监督的机制。

上述三个环节构成了监督机制的基本内容。其中，第一个环节的监督机制是基础；配置过程的监督机制是关键；对配置后果的监督机制是保障。三者环环相扣、相辅相成，构成了流域农业水权配置中一个完整的监督机制。见图 7-3。

法律监督包括两个层次、四项内容、三个环节。

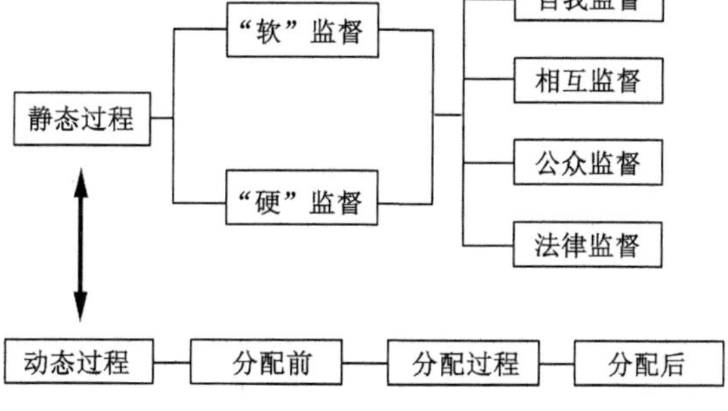

图 7-3 农业水权监督机制

7.3.2.2 监督机制的功能

监督机制既是农业水权配置不可缺少的重要组成部分，又是农业水权配置的重要保障。其主要功能大致为以下几个方面：

(1) 对分水权正常运行的保障和导向作用

建立监督机制，其目的并不是消极地限制权力，妨碍农业水权配置的正常行使，而是对权力进行科学管理，保证它在预定的轨道上健康运行，实现既定目标。我们通过“软约束”和“硬监控”，保证农业水权配置的正确方向。

(2) 对权力偏离轨道的防范和矫正作用

由于我国水资源的所有权和行使农业水权配置的权力的直接行使者并不完全一致，在农业水权配置的过程中，有可能会出现违背主体意志、偏离正常运行轨道的现象，这就是我们通常所说的“权力错位”。为了防治这种“权力错位”，就必须建立和完善水权分配过程中的监督机制。

(3) 对权力行使者的惩戒和教育作用

初始水权在分配的过程中，就具有了相对独立性，并面临着被滥用或误用的可能。而任何消极的权力运行后果，都会损害广大用水户的利益。因此，要根据政治法律规范.使权力行使者对自己行使权力所带来的后果承担相应的责任。对滥用或误用权力的人予以必要的制裁，这就是监督机制的惩戒功能。

(4) 对法制统一的维护和促进作用

监督机制是民主制度下不可缺少的一种重要制度。作为国家权力的实际主人，并不直接行使国家权力，流域水权的分配也是人民间接行使权力。监督机制的实质就是在于保证广大人民的意志和利益能够得到正确的反映和真实的实现。为了对委托出去的权力进行有效的监控，保障宪法和法律的正确实施，维护法制的统一和尊严，就必须建立和完善有效的监督机制。

7.3.2.3 监督机制的具体要求

(1) 监督主体的广泛性

要防止和减少弱监、虚监、失监现象的发生，在农业水权配置的过程中就必须把专职机构的法律监督与全体社会成员的监督有机地结合起来，形成一个多层次、全方位的立体监督网络。也就是说，监督主体要具有广泛性。就目前我国情况来看，监督机制体系主要由国家监督和社会监督两部分有机结合而成。其中,国家监督又包括国家权力机关的监督、国家行政机关的监督和国家司法机关的监督;社会监督既包括政党监督、人民政协的监督和社会团体的监督,也包括公民个人的直接监督。

(2) 监督机制手段的强制性

监督机制是一种强制的力量,不管监督客体愿意与否,都必须接受主体的监督。监督机制的强制性有时虽然没有直接表现出来,但它作为后盾,作为一种潜在的力量,要求监督对象来服从,仍然具有一定的威慑作用。

(3) 监督机制客体活动的公开性

实行公开原则,增加透明度,把水权分配的工作置于专门机关和人民群众的监督之下,这是监督机制富有成效的基本前提和必要条件。真正有效的监督机制总是与政治公开、民主政治联系在一起的。

(4) 监督机制结构的协调性

在监督机制的建设中,必须切实加强各监督机制主体之间的相互配合,保持彼此之间的协调,注意发挥监督机制的整体效能。具体来讲,要努力做好以下工作:一是确定监督机制的核心;二是进一步明确各监督机制主体的职责权限,避免相互扯皮,出现“监督空白”;三是构建法律监督系统联系的纽带,使其相互补充,由缺乏协调和联系的“各自为战”转变为分工负责基础上的密切配合。

7.3.2.4 完善监督机制、提高监督机制能力

完善监督机制是提高监督机制能力的前提和基础,只有确立了完备有效的监督机制,赋予监督主体具体的监督措施,才能使其真正行使监督机制的权力,监督机制能力才能切实得到提高。

(1) 完善立法,继续确立和强化不同监督者地位。

由于缺乏对监督地位、对象及范围等相关方面的详细规定,且监督权限过小,导致其运作状况与其所承载的功能相去甚远。因此,为了保证监督机制的效力,法律在规定监督机制主体的权力时,必须同时设定被监督者义务以及违反这种义务可能引起的法律后果。应健全监督机制的范围、手段、程序和效力保障措施,完善监督对象接受监督的义务性规定。加快立法步伐,完善法律规定,是全面履行监督机制职责的迫切需要。

(2) 适当扩展监督内容,构建完善的刑事、民事、行政诉讼检察监督体

系，增强监督权威性。

(3) 建立执行监督机制。

乌江流域水资源使用权初始分配方案由长江水利委员会组织实施，上下级之间，公民、法人和其他组织与政府之间，水利部与其派出机构之间，层层履行监督管理职责，促进流域水资源使用权制度的建立。

第一，长江水利委员会负责对乌江流域水资源使用权初始分配方案的总体执行情况进行监督，并具体负责流域控制性枢纽工程的水资源监测管理，省区际段面水量水质控制监测管理，保障流域水资源使用权初始分配制度得以顺利实施。

第二，各省水利厅应当将本省执行流域水资源使用权初始分配方案的情况向长江水利委员会定期报告，并具体负责省区际(区域与区域际)段面、大型灌区、重要取水口来水总量与水质控制指标，严格执行取水许可制度，落实年度水量分配方案和用水计划，接受长江水利委员会的监督管理和质询。

第三，乌江流域用水户、流域公众可以通过流域公报了解本流域水资源使用权初始分配方案的制定和水资源使用权分配各阶段的工作，通过向协商会议提建议、意见的方式表达本行业、本地区的利益，参与水资源使用权初始分配制度的实施，对有关工作提出质疑和建议，有权要求行政机关给予答复。

建立和完善监督机制，在实现水情初始分配的进程中，有着举足轻重的作用。提高监督能力是发挥监督职能的前提和基础，要提高监督能力必须先完善监督机制，只有做好这两个方面，才能实现“水权分配的公平正义”这一主题。

7.4 小结

“农业水权的法制化+农业水权的法治化”无疑是中国农业水权制度发展的基本方向。这个方向指明了两条路径：其一是完善农业水权的立法建设；其二是完善农业水权的法律保障的执行层面。法律制度无论是立法还是执法、司法都是使产权制度、市场经济朝着健康方向发展的最基本制度环境，法律制度的作用就是提高农业水权配置效率、降低交易成本和维系社会公正。

党的十八大以来，以习近平同志为核心的党中央把生态文明建设摆在更加突出的位置，作出一系列重大决策部署。2015 年印发的《水污染防治行动计划》，是党中央、国务院对生态文明建设和生态环境保护的重要安排，是当前和今后一段时期全国水污染防治工作的行动纲领。习近平总书记立足实现中华民族永续发展的高度，提出了一系列新理念新思想新战略。习近平总书记要求，要树立"绿水青山就是金山银山"①的强烈意识，明确保护生态环境就是保护生产力，改善生态环境就是发展生产力。习近平总书记指出，要坚持和贯彻发展理念，正确处理经济发展和生态环境保护的关系，像保护眼睛一样保护生态环境，像对待生命一样对待生态环境②。"全党全社会要坚持绿色发展理念，弘扬塞罕坝精神，持之以恒推进生态文明建设，一代接着一代干，驰而不息，久久为功，努力形成人与自然和谐发展新格局，把我们伟大的祖国建设得更加美丽，为子孙后代留下天更蓝、山更绿、水更清的优美环境。"③这些重要讲话、论述和指示精神，深刻揭示了发展和保护的本质关系，推动生态环境保护从认识到实践正在发生历史性、根本性、全局性的变化，也为不断加强水土污染防治工作提供了方向指引和根本遵循。

水权制度是市场经济条件下优化配置水资源的重要途径，是现代水资源管理制度的重要组成。党中央高度重视水权水市场建设，党的十八大、十八届三中全会对水权水市场建设作出重要部署，习近平总书记关于保障水安全的重要讲话对推进建立水权制度、培育水权交易市场提出明确要求。随着经济社会快速发展和水资源供需矛盾日益突出，加快推进水权水市场建设已经成为事关发展全局和水资源可持续利用的一项重大而紧迫的任务。

近年来，我们大力推进水权理论研究、制度创新和实践探索并取得积极进展，水权制度体系逐步建立，水权配置迈出重大步伐，水权交易取得宝贵经验，为推进水权水市场建设奠定了良好基础。同时也要看到，我国水权水市场建设总体上还处于探索阶段，仍面临着法律制度有待健全、初始水权尚未完全明晰、水资源监控能力不足等不少困难和问题。建设水权水市场，既

① 习近平：《习近平谈治国理政》(第二卷)，外文出版社 2017 年版，第 393 页。
② 习近平：《习近平谈治国理政》(第二卷)，外文出版社 2017 年版，第 395 页。
③ 习近平：《习近平谈治国理政》(第二卷)，外文出版社 2017 年版，第 397 页。

要考虑必要性和紧迫性，也要考虑可行性和复杂性；既要看到有利条件，也要看到存在的问题，立足实际、积极稳妥地加以推进。

水权水市场建设是对水资源管理方式的深刻转变、水利体制机制的深刻变革和涉水利益格局的深刻调整。这是一项十分复杂的系统工程，必须正确把握和处理好三个方面的关系。一是政府作用与市场机制的关系。水权水市场建设要坚持政府和市场"两手发力"。政府要在用水总量控制、水量分配、水资源确权登记、用途管制、水市场培育与监管等方面更好发挥作用。在权属明晰之后，要充分发挥市场机制作用，依靠经济手段激励用水户节约用水，促进水权合理流转，提高水资源利用效率和效益。二是注重效率与保障公平的关系。建设水权水市场，一方面要鼓励通过水权交易，推动水资源依据市场规则、市场价格和市场竞争，实现效益最大化和效率最优化；另一方面，要切实加强用途管制和水市场监管，保障公益性用水需求和取用水户的合法权益，绝不能以水权交易之名套取用水指标，更不能变相挤占农业、生态用水。三是顶层设计与实践探索的关系。鼓励大胆探索和试点先行，有针对性地开展多种类型的水资源确权登记和交易试点。同时，要及时总结实践探索成果，搞好战略规划和顶层设计，积极推进确权登记、水权交易、用途管制、水市场监管等方面的制度创新。

水利部印发的《关于深化水利改革的指导意见》明确了水权水市场建设的总体方向和要求，下一步要细化实化的相关任务和措施，并研究制定了具有可操作性的工作方案，有计划、有步骤地推进。一要建立水权配置体系，这是水权水市场建设的基本前提。要抓紧建立覆盖省市县三级的用水总量控制指标体系，加快江河水量分配，确定区域取用水总量和权益。要积极稳妥地推进水资源使用权确权登记，将水资源占有、使用、收益的权利落实到取用水户。二要建立水权交易体系，这是水权水市场建设的关键环节。要根据实际需求，鼓励和引导地区间、用水户间开展水权交易，探索多种形式的水权流转方式，积极培育水市场。要借鉴土地交易、林权交易、排污权交易等平台建设经验，研究建立国家、流域、区域等层面的水权交易平台，开展水权鉴定、水权买卖、信息发布、业务咨询等综合服务，促进水权交易公开、公正、规范开展。三要建立水权监管体系，这是水权水市场建设的重要保障。要依据水资源规划、水功能区划等相关规划和政策，区分农业、工业、服务业、生活、生态等用水类型，严格实行水资源用途管制，特别是在农业用水转移中，要充分考虑农业用水需求，充分尊重农民意愿，切实保障国家粮食安全和农民合法权益。要强化对市场准入、交易价格、交易用途的监管，建立水权利益诉求、纠纷调处和损害赔偿机制，维护水市场良好秩序。

水权水市场建设既是一项长期任务，也是一项紧迫工作。对此，要精心组织，周密安排，着力推动各项任务的具体落实。

一是抓好顶层设计。科学制定水权水市场建设的总体思路、目标任务和实施路径，明确政府与市场的作用和边界，健全水权交易的规则和流程，界定不同层级水权交易平台的定位和功能，为水权水市场建设提供科学依据。

二是抓好试点示范。选择一批地区开展确权登记与水权交易探索，指导试点地区抓紧编制试点实施方案，加强工作指导、跟踪评估和督促检查，确保试点取得实效。

三是抓好制度建设。按照水利部印发的指导意见任务分工，抓紧研究制定水资源使用权登记、政府有偿出让水资源使用权、取水权转让、水权交易平台建设、水资源使用权用途管制等方面的规章制度。

四是抓好水价改革。加快推行城镇居民用水阶梯水价制度，非居民用水超计划、超定额累进加价制度，积极推进农业水价综合改革，建立健全反映市场供求、资源稀缺程度、生态环境损害成本和修复效益的水价形成机制，激发水权交易的内生动力。

五是抓好基础工作。抓紧建成国家水资源管理信息系统，加强水资源监控能力建设，健全水资源监测、用水计量和统计制度，逐步建立中央、流域和地方水资源监控管理平台，全面提高水资源监控、预警和管理能力。要围绕水权水市场建设的重大问题，继续加强调查研究特别是抓好水利部重大课题研究，为水权水市场建设提供理论和政策支撑。

我国的农业水资源配置是一个积重难返的问题。延续以前的配置管理模式，始终走不出农业水资源无限扩张的怪圈。因此，必须以一个全新的视角去审视我国现行的农业水资源管理和配置制度，从根本上解决农业水资源需求的无限扩张与资源的有限性之间的矛盾。

7.4.1　主要创新成果

（1）本书将法学和产权经济学的思想应用于农业水资源的配置之中，分析农业水权配置中存在的问题，提出农业水权配置的多层次模式。这一研究方法克服了传统的农业水资源供给管理的弊端，将法学思想和经济学思想相融合，从需求管理入手，借助水权的力量，推动用水户用水效率的提高。

(2) 本书采用了定性分析与定量分析相结合的研究方法。单纯使用定性分析或定量分析都有其固有的缺点。但从法律视角将两者结合起来研究我国农业水资源配置问题的成果尚不多见，本书在这方面进行了尝试，力图通过定性分析，阐述了利用水权制度配置农业水资源的作用、运作机制，回答"可以如何"；通过定量分析，利用法律对其的保护机制，回答了"最好如何"，最终提出具体建议。

(3) 本书的重要创新点是以"对话——制约——共信"为一互动平台，借用水权制度的思想，设计了农业水资源配置这一制度，并通过法律加以保障，几方面互为表里，相辅相成。

(4) 本书拓展了法律的研究领域和空间，使之在内容上更为丰富。目前水权制度的研究仅限于对其基本理论的研讨。本书选取农业水权配置作为代表探讨农业水权，并颇具创新地设计了农业水权配置的法律保障制度，试图填补目前法学界研究内容的空白。

(5) 理论来源于实践，只有奠基于实践基础上的水权制度才是有生命力的水权制度。农业水权配置的研究应该把理论探讨和实践探讨两个方面紧紧地结合起来。本书是结合乌江流域为具体对象进行研究的，以此作为研究的突破口，实现理论与实践的结合。

7.4.2 研究展望

水权制度的研究工作担负着实现水权制度创新，推动我国的立法进程，促进建设有中国特色的农业水权法律制度的重任。鉴于农业水权是多学科交叉融合的产物，需要多学科、多部门统一协调。本书的研究成果只是初步的，还有待进一步深入研究。

今后的研究方向主要有：

(1) 深化农业水权配置制度的研究；

(2) 加强对国外农业水权制度的研究；

(3) 完善农业水权配置的其他方面的制度。

参考文献

[1] KARPF C, KREBS P. Application of a leakage model to assess exfiltration from sewers[J]. Water Science & Technology: A Journal of the International Association on Water Pollution Research, 2005, 52 (5): 225.

[2] SERCU B, LC V D W, MURRAY JL, et al. Sewage exfiltration as a source of storm drain contamination during dry weather in urban watersheds [J]. Environmental Science & Technology, 2011, 45 (17): 7151.

[3] NOLAN B T, HITT K J. Vulnerability of shallow groundwater and drinking-water wells to nitrate in the United States[J]. Environmental Science & Technology, 2006, 40(24): 7834.

[4] CHEN J, QIANG-Sheng G U, ZHONG Y, et al. Management mode of rural small-scale water conservancy[J]. Journal of Hehai University, 2004, 32(2): 225-228.

[5] PAUL B G, VOGL C R. Impacts of shrimp farming in Bangladesh: Challenges and alternatives[J]. Ocean & Coastal Management, 2011, 54 (3): 201-211.

[6] ELLIS J B, REVITT D M, BLACKWOOD D J, et al. Leaky assessing the hydrology and impact of exfiltration in urban sewers [C]// Hydrology: science and practice for the 21st century, Volume II. Proceedings of the British Hydrological Society International Conference, Imperial College, London, July 2004.

[7] ROEHRDANZ P R, FERAUD M, LEE D G, et al. Spatial Models of Sewer Pipe Leakage Predict the Occurrence of Wastewater Indicators in Shallow Urban Groundwater [J]. Environmental Science &

Technology,2017,51(3):1213-1223.

[8] FOSTER S,GARDNO H,TUINHOF A,et al. Urban Wastewater as Groundwater Recharge—evaluating and managing the risks and benefits[J]. GW-MATE Briefing Note Series,2011,12.

[9] LEE D G, ROEHRDANZ P R, FERAUD M, et al. Wastewater compounds in urban shallow groundwater wells correspond to exfiltration probabilities of nearby sewers[J]. Water Research,2015,85:467-475.

[10] 阿图尔·考夫曼. 法律获取的程序:一种理性分析[M]. 雷磊,译. 北京:中国政法大学出版社,2015.

[11] 埃里克·弗鲁博顿,鲁道夫·芮切特. 新制度经济学:一个交易费用分析范式[M]. 姜建强,罗长远,译. 上海:上海人民出版社,2006.

[12] Y. 巴泽尔(Yofam Barzel). 产权的经济分析[M]. 费方域,段毅才,译. 上海:生活·读书·新知三联书店上海分店;上海人民出版社, 1997.

[13] 暴路敏, 司建宁, 张锐,等. 宁夏红寺堡区农业水权交易探索与实践[J]. 宁夏农林科技, 2017, 58(11):46-48.

[14] E·博登海默. 法理学:法哲学及其方法[M]邓正来,姬敬武,译. 北京:华夏出版社,1987.

[15] 布里安·兰多夫·布伦斯(Bryan Randolph Bruns),露丝·梅辛蒂克(Ruth S. Meinzen-Dick). 水权协商[M]. 田克军,刘斌,韩占峰,等,译. 北京:中国水利水电出版社,2004.

[16] 蔡守秋, 蔡文灿. 水权制度再思考[J]. 环境科学与管理, 2004, 29(5):21-27.

[17] 蔡守秋,蔡文灿. 循环经济立法研究——模式选择与范围限制[J]. 中国人口(资源与环境),2004,14(6):38-43.

[18] 蔡守秋,等. 可持续发展与环境资源法制建设[M]. 北京:中国法制出版社,2003.

[19] 蔡守秋. 第三种调整机制 一从环境资源保护和环境资源法角度进行研究(上)[J]. 中国发展,2004(1):29-36.

[20] 蔡守秋. 环境法学理论的要点和意义[J]. 现代法学,2001,23(4):85-95.

[21] 蔡守秋.环境权初探[J].中国社会科学,1982(3):29-39.
[22] 蔡守秋.环境正义与环境安全——二论环境资源法学的基本理念[J].河海大学学报(哲学社会科学版),2005,7(2):1-5.
[23] 蔡守秋.环境资源法教程[M].2版.北京:高等教育出版社,2010.
[24] 蔡守秋.论公众共用物的法律保护[J].河北法学,2012,30(4):9-24.
[25] 蔡守秋.论可持续发展对我国法制建设的影响(上)[J].法学评论,1997(1):18-24.
[26] 蔡守秋.论可持续发展对我国法制建设的影响(下)[J].法学评论,1997(2):10-15.
[27] 蔡守秋.论水权转让的范围和条件[J].城市环境,2002(1):3-8.
[28] 蔡守秋.人与自然关系中的环境资源法[J].现代法学,2002,24(3):45-60.
[29] 蔡守秋,吴贤静.生态法:修改《环境保护法》的新视角[J].福建政法管理干部学院学报,2008(4):32-36.
[30] 蔡守秋,张建伟.论排污权交易的法律问题[J].河南大学学报(社会科学版),2003,43(5):98-102.
[31] 蔡守秋.中国环境政策概论[M].武汉:武汉大学出版社,1988.
[32] 蔡永民.论物权法视野下的水资源法律保护[D].北京:对外经济贸易大学,2007.
[33] 曹明德.论我国水资源有偿使用制度[J].中国法学,2004(1):79-88.
[34] 常云昆.黄河断流与黄河水权制度研究[M].北京:中国社会科学出版社,2001.
[35] 陈丹,陈菁,罗朝晖.天然水资源价值评估的能值方法及应用[J].水利学报,2006,37(10):1188-1192.
[36] 陈丹,陈菁,张捷,等.五岸灌区水管理体制研究[J].中国农村水利水电,2005(9):51-53.
[37] 陈根发.宽容的法理[M].北京:知识产权出版社,2008.
[38] 陈菁,陈丹,代小平,等.基于利益相关者理论的灌溉水价改革研究[J].节水灌溉,2008(9):40-43.
[39] 陈菁,陈丹.灌溉的正外部性及其内部化探讨[J].河海大学学报(哲学社会科学版),2003(5):84-86.

[40] 陈菁,冯广志.基于物权理论的农村水利资产所有权拍卖的分析[J].中国水利,2006(9):26-28.
[41] 陈菁,顾强生,仲跃,等.农村水利管理模式的应用[J].河海大学学报(自然科学版),2004,32(2):225-228.
[42] 陈菁.流域水资源管理体制初探[J].中国水利,2003(1):29-31.
[43] 陈菁,吕萍.农村水景观建设[M].南京:河海大学出版社,2011.
[44] 陈菁,水谷正一,後藤章.中国与日本的水管理及其比较研究(一)——水管理体系的评价系统[J].河海大学学报(自然科学版),2001(5):18-22.
[45] 陈菁,水谷正一,松井宏之.日本的农业用水管理研究[J].水利水电科技进展,2001,21(5):65-68.
[46] 陈菁.水管理评价的新探讨[J].中国水利,2001(4):90.
[47] 陈菁.水管理体制基本概念的整理及分类[J].中国水利,2001(3):25-26.
[48] 陈菁,王婷婷,朱雪冰.流域水资源统一管理的博弈分析[J].水利发展研究,2005,5(6):17-20.
[49] 陈菁,张毅华.关于日本水权定额设定与审查的分析[C] // 中国水利学会 2002 学术年会,2002.
[50] 陈菁,朱克成,李玉松.农村水利管理模式理论研究[J].河海大学学报(自然科学版),2004,32(1):95-99.
[51] 陈磊.河水资源的产权管理与运作研究[D].泰安:山东农业大学,2008.
[52] 陈伟.事实与规范的辩证法:哈贝马斯法哲学研究[M].上海:上海人民出版社,2011.
[53] 陈曦.城市饮用水源保护与管理机制研究[D].北京:中国地质大学,2010.
[54] 陈小君,等.田野、实证与法理:中国农村土地制度体系构建[M].北京:北京大学出版社,2012.
[55] 陈晓景.流域生态环境用水法律制度解析:以密西西比州为例 [J].法学杂志,2010(11):70-73.
[56] 成红,徐颖.农业水权流转法律制度探析[J].法学杂志,2010,31(5):

47-50.
[57] 成红,徐颖. 农业水权流转法律制度探析[C] // 中国法学会环境资源法学研究会 2008 年会与学术研讨会. 中国法学会环境资源法学研究会 2008 年会与学术研讨会论文集,2008:47-50.
[58] 池营营. 中国长江、黄河流域灌溉用水效率研究[D]. 西安:陕西师范大学,2012.
[59] 褚琳琳,陈丹,陈菁. 节水农业综合效益价值评估与发展模式研究[M]. 南京:河海大学出版社,2014.
[60] 崔建远. 实体法与程序法相辅相成——法释[2016] 5 号之解读、评论与升华[J]. 现代法学,2016,38(6):176-183.
[61] 崔建远. 水权与民法理论及物权法典的制定[J]. 法学研究,2002,24(3):37-62.
[62] 崔建远. 水权转让的法律分析[J]. 清华大学学报(哲学社会科学版),2002(5):40-50.
[63] 崔建远. 我国物权法应选取的结构原则[J]. 法制与社会发展,1995,1(3):24-32.
[64] 崔建远. 我国物权立法难点问题研究[M]. 北京:清华大学出版社,2005.
[65] 崔建远. 新合同法若干制度及规则的解释与适用[J]. 法律科学(西北政法大学学报),2001,19(3):120-124.
[66] 崔建远. 行政合同族的边界及其确定根据[J]. 环球法律评论,2017,39(4):21-32.
[67] 崔建远. 再论动产物权变动的生效要件[J]. 法学家,2010,1(5):49-55.
[68] 崔建远. 准物权的理论问题[J]. 中国法学,2003(3):76-85.
[69] 崔建远. 准物权研究[M]. 北京:法律出版社,2003.
[70] 代小平,陈菁,陈丹. 农业水权转让补偿机制及模型研究[M]. 南京:河海大学出版社,2014.
[71] 代小平,陈菁,褚琳琳,等. 农业水权转让补偿额综合测算方法研究[J]. 节水灌溉,2010(10):66-71.
[72] 代小平,陈菁,杨文海,等. 日本典型水田生态环境保护协会分类及其比较分析[J]. 三峡大学学报(自然科学版),2013,35(1):6-11.

[73] 戴桂洪. 中国行政程序法制现代化[M]. 南京:南京师范大学出版社,2008.

[74] 戴维·米勒(David Miller),韦农·波格丹诺(Vernon Bogdanor). 布莱克维尔政治学百科全书[M]. 邓正来,译. 北京:中国政法大学出版社,2002.

[75] 单平基. 水权取得及转让制度研究[D]. 长春:吉林大学,2011.

[76] 单平基. 自然资源国家所有权性质界定[J]. 求索,2010(12):50-52.

[77] 道格拉斯·诺思. 理解经济变迁过程[M]. 钟正生,邢华,高东明,等,译. 北京:中国人民大学出版社,2008.

[78] 邓正来. 布莱克维尔政治思想百科全书[M]. 北京:中国政法大学出版社,2011.

[79] 邓正来. 法律与中国:法学理论前沿论坛(第 6 卷)[M]. 北京:中国政法大学出版社,2007.

[80] 邓正来. 反思与批判:体制中的体制外[M]. 北京:法律出版社,2006.

[81] 邓正来. 哈耶克读本:A READER[M]. 北京:北京大学出版社,2010.

[82] 邓正来. 哈耶克社会理论[M]. 上海:复旦大学出版社,2009.

[83] 邓正来,郝雨凡. 转型中国的社会正义问题[M]. 桂林:广西师范大学出版社,2013.

[84] 邓正来. 中国法学向何处去:建构"中国法律理想图景"时代的论纲[M]. 北京:商务印书馆,2006.

[85] 邓正来. 自由主义社会理论 :解读哈耶克《自由秩序原理》[M]. 济南:山东人民出版社,2003.

[86] 冯骞,陈菁. 农村水环境治理[M]. 南京:河海大学出版社,2011.

[87] 弗里德利希·冯·哈耶克(Friedrich A. Von Hayek). 自由秩序原理下[M]. 邓正来,译. 北京:生活·读书·新知三联书店,1997.

[88] 弗鲁博顿,芮切特. 新制度经济学:一个交易费用分析范式[M]. 姜建强,罗长远,译. 上海:上海人民出版社,2006.

[89] 福地崇生,陈菁. 水资源的经济学[J]. 水利水电科技进展,2001,21(3):64-66.

[90] 傅殷才. 制度经济学派[M]. 武汉:武汉出版社,1996.

[91] 高而坤,党连文. 水权制度建设试点经验总结(二):大凌河流域水权制

度建设资料汇编[M]. 北京：中国水利水电出版社，2008.
[92] 高而坤. 中国水权制度建设[M]. 北京：中国水利水电出版社，2007.
[93] 格鲁奇. 比较经济制度[M]. 徐节文，等，译. 北京：中国社会科学出版社，1985.
[94] 葛洪义. 探索与对话：法理学导论[M]. 济南：山东人民出版社，2000.
[95] 葛颜祥，周玉玺，张维. 地下水可交易水权制度框架及其作用研究[J]. 水利经济，2010，28(3)：25-27.
[96] 顾自安. 制度演化的逻辑——基于认知进化与主体间性的考察[M]. 北京：科学出版社，2011.
[97] 郭莉，崔强. 环境友好型社会下徐州农村饮用水安全法律保障研究[J]. 生态经济，2009(10)：106-108.
[98] 郭莉，崔强. 环境与资源保护法学视野下的农村饮水安全[C] // 农村饮水安全高级论坛暨中国农业节水和农村供水技术协会成立大会论文集，2008.
[99] 郭莉，崔强，陆敏. 从行政法角度浅析农民用水者协会[J]. 节水灌溉，2010(7)：000079-84.
[100] 郭莉，崔强. 论环境法在新农村建设中的作用[J]. 前沿，2007(9)：214-215.
[101] 郭莉，崔强. 乌江流域农业水权的法律保障制度研究[J]. 安徽农业科学，2010，38(1)：434-436.
[102] 郭莉，崔强，徐智平，等. 农业水权配置的法律保障机制研究[J]. 江苏水利，2016(2)：42-47.
[103] 郭莉. 基于法律程序视野中的农业水权配置程序构建[J]. 贵州农业科学，2013，41(6)：232-237.
[104] 郭莉. 论水权制度的程序化法律保护机制[J]. 前沿，2005(10)：129-131.
[105] 国务院法制办公室. 中华人民共和国英文法规大系[M]. 北京：中国法制出版社，2015.
[106] 哈罗德·德姆塞茨，银温泉. 关于产权的理论[J]. 经济社会体制比较，1990(6)：49-55.
[107] 哈耶克自由秩序原理[M]. 邓正来，译. 北京：生活·读书·新知三联

书店,1997.
[108] 韩冰华.农地资源合理配置的制度经济学分析[M].北京:中国农业出版社,2005.
[109] 韩洪云,赵连阁,王学渊.农业水权转移的条件——基于甘肃、内蒙典型灌区的实证研究[J].中国人口·资源与环境,2010,20(3):100-106.
[110] 韩霜景.水权知识与水价管理[M].济南:山东科学技术出版社,2008.
[111] 韩晓双,郭莉.中国农业投入对策研究[J].中外企业家,2015(12):7-10.
[112] 何训江,岳春芳,莫俊明.金沟河流域农业水权转让补偿方案的优选[J].中国农村水利水电,2011(12):101-103.
[113] 侯惠勤,陈湘文,李义松.重大历史案例的法理研究[M].长沙:湖南人民出版社,2003.
[114] 胡继连,葛颜祥,周玉玺.水权市场与农用水资源配置研究:兼论水利设施产权及农田灌溉的组织制度[M].北京:中国农业出版社,2005.
[115] 胡继连,姜东晖,戎丽丽.水权质量与农用水资源需求管理研究[M].北京:中国农业出版社,2010.
[116] 胡巧雨,郭莉,惠权.生态文明下的环境法制[J].中国环境管理,2015,7(1):78-82.
[117] 胡庆龙.罗纳德·哈里·科斯:新制度经济学创始人[M].北京:人民邮电出版社,2009.
[118] 胡振鹏,傅春,王先甲.水资源产权配置与管理[M].北京:科学出版社,2003.
[119] 黄捷,刘晓广,杨立云,等.法律程序关系论[M].长沙:湖南师范大学出版社,2009.
[120] 黄锡生. 论水权的概念和体系[J]. 现代法学, 2004, 26(4):134-138.
[121] 黄锡生.水权制度研究[M].北京:科学出版社,2005.
[122] 季卫东.法律程序的意义:对中国法制建设的另一种思考[M].北京:中国法制出版社,2004.
[123] 季卫东.法律程序的意义.增订版[M].北京:中国法制出版社,2012.
[124] 贾大林,姜文来.农业水价改革是促进节水农业发展的动力[J].农业

技术经济,1999(5):4-7.
[125] 贾大林,姜文来. 试论提高农业用水效率[J]. 节水灌溉,2000(5):18-21.
[126] 贾绍凤,等. 中国水权进行时 格尔木案例研究[M]. 北京:中国水利水电出版社, 2012.
[127] 江钦辉. 新疆农业水权交易的法律思考——以昌吉州为例[J]. 喀什大学学报,2017,38(1):29-31.
[128] 姜文来. 关于自然资源资产化管理的几个问题[J]. 资源科学,2000,22(1):5-8.
[129] 姜文来,雷波,唐曲. 水资源管理学及其研究进展[J]. 资源科学,2005,27(1):153-157.
[130] 姜文来. 农业水价承载力研究[J]. 中国水利,2003(11):41-43.
[131] 姜文来. 农业水资源管理机制研究[J]. 农业现代化研究,2001,22(2):76-79.
[132] 姜文来. 水权及其作用探讨[J]. 中国水利,2000(12):13-14.
[133] 姜文来. 水资源价值论[M]. 北京:科学出版社,1998.
[134] 姜文来. 水资源价值模型研究[J]. 资源科学,1998,13(1):35-43.
[135] 姜文来,唐曲,雷波,等. 水资源管理学导论[M]. 北京:化学工业出版社,2005.
[136] 姜文来,王华东. 我国水资源价值研究的现状与展望[J]. 地理与地理信息科学,1996,12(1):1-5.
[137] 姜文来,武霞,林桐枫. 水资源价值模型评价研究[J]. 地球科学进展,1998,13(2):178-183.
[138] 姜文来,杨瑞珍. 资源资产论[M]. 北京:科学出版社,2003.
[139] 姜文来. 中国 21 世纪水资源安全对策研究[C]//城乡饮用水水源安全问题与发展汇总. 全国城乡饮用水水源安全问题与发展交流研讨会论文集,2009:66-71.
[140] 姜文来. 中国 21 世纪水资源安全对策研究[J]. 水科学进展,2001,12(1):66-71.
[141] 蒋传光. 法理学与部门法哲学(第四卷)[M]. 上海:上海三联书店,2014.

[142] 杰弗里·M.霍奇逊.制度经济学的演化:美国制度主义中的能动性、结构和达尔文主义[M].杨虎涛,王爱君,译.北京:北京大学出版社,2012.
[143] 靳雪.水权银行的建设与管理研究[D].泰安:山东农业大学,2011.
[144] 柯武刚(Wolfgang Kasper),史漫飞(Manfred E. Streit),等.制度经济学:社会秩序与公共政策[M].韩朝华,译.北京:商务印书馆,2000.
[145] 科斯.企业、市场与法律[M].盛洪,陈郁,译校.上海:格致出版社;上海人民出版社,2014.
[146] 克劳德·梅纳尔.制度、契约与组织:从新制度经济学角度的透视[M].刘刚,冯健,杨其静,等,译.北京:经济科学出版社,2003.
[147] 克里斯蒂娜·孔兹,等.法律研究的程序:The process of legal research[M].赵保庆,译.北京:中国政法大学出版社,2012.
[148] 雷波,刘钰,许迪,等.农业水资源利用效用评价研究进展[J].水科学进展,2009,20(5):732-738.
[149] 李晶,宋守度,姜斌,等.水权与水价——国外经验研究与中国改革方向探讨[M].北京:中国发展出版社,2003.
[150] 李丽莉.流域水权发生与配置及其在农业中的应用[D].兰州:甘肃农业大学,2005.
[151] 李龙,程关松,占红沣.以人为本与法理学的创新[M].北京:中国社会科学出版社,2010.
[152] 李闽峰.关于农业水权的几点认识[J].水利发展研究,2003,3(7):15-17.
[153] 李鹏学.武威市凉州区推进农业水价综合改革的经验与建议[J].中国水利,2018(4):61-64.
[154] 李寿喜.产权、代理成本和代理效率[J].经济研究,2007,42(1):102-113.
[155] 联合国粮食及农业组织.水权管理:经验、问题和指南[M].贺纯佩,等,译.北京:中国农业科学技术出版社,2004.
[156] 林关征.水资源的管制放松与水权制度[M].北京:中国经济出版社,2007.
[157] 刘惠明,王佳华.论我国农业水权转让规则的私法构造[J].江西农业

学报,2015,27(4):139-142.

[158] 刘杰,姜文来,任天志.农业用水使用权转让补偿机制研究[J].中国农业资源与区划,2001,22(6):42-44.

[159] 刘蒨.日本的农业用水与水权[J].水利发展研究,2005,5(5):57-58.

[160] 刘芍佳,李骥.超产权论与企业绩效[J].经济研究,1998,33(8):3-12.

[161] 刘伟.中国水制度的经济学分析[M].上海:上海人民出版社,2005.

[162] 刘小玲,任大鹏.关于我国水权法律制度的思考[J].中国农业大学学报(社会科学版),2005(3):75-78.

[163] 刘晓辉.中宁县水权交易的实践与启示[J].陕西水利,2018(1):100 101.

[164] 卢现祥.西方新制度经济学[M].修订版.北京:中国发展出版社,2003.

[165] 吕崧.水权保护若干问题研究[D].哈尔滨:东北林业大学,2011.

[166] 吕忠梅.超越与保守:可持续发展视野下的环境法创新[M].北京:法律出版社,2003.

[167] 吕忠梅,陈虹.经济法原论[M].北京:法律出版社,2007.

[168] 吕忠梅,陈虹.论经济法的工具性价值与目的性价值[J].法商研究,2000,17(6):59-67.

[169] 吕忠梅,等.长江流域水资源保护立法研究[M].武汉:武汉大学出版社,2006.

[170] 吕忠梅,高利红,余耀军.环境资源法学[M].北京:科学出版社,2004.

[171] 吕忠梅.关于物权法的"绿色"思考[J].中国法学,2000(5):46-55.

[172] 吕忠梅.环境法新视野(修订版)[M].北京:中国政法大学出版社,2007.

[173] 吕忠梅.环境资源法视野下的新《水法》[J].法商研究,2003,20(4):3-15.

[174] 吕忠梅,刘大洪.经济法的法学与法经济学分析[M].北京:中国检察出版社,1998.

[175] 吕忠梅.绿色民法典:环境问题的应对之路[J].法商研究,2003,20(6):3-6.

[176] 吕忠梅.水污染的流域控制立法研究[J].法商研究,2005,22(5):

95-103.
[177] 吕忠梅.《水污染防治法》修改之我见[J]. 法学,2007(11):136-143.
[178] 吕忠梅. 水污染纠纷处理主管问题研究[J]. 甘肃社会科学,2009(3):17-23.
[179] 罗纳德·H.科斯(Ronald Harry Coase). 财产权利与制度变迁 :产权学派与新制度学派译文集[M]. 上海:格致出版社;上海三联书店;上海人民出版社,2014.
[180] 罗斯科·庞德. 法理学. 第三卷[M]. 廖德宇,译. 北京:法律出版社,2007.
[181] 罗斯科·庞德. 法律史解释[M]. 邓正来,译. 北京:商务印书馆,2013.
[182] 马东春,胡和平,陈铁. 政府对水权的管理职能及模式研究[M]. 北京:中国水利水电出版社,2011.
[183] 马尔科姆·卢瑟福. 经济学中的制度:老制度经济学和新制度经济学[M]. 陈波,郁仲莉,译. 北京:中国社会科学出版社,1999.
[184] 马国忠. 水权制度与水电资源开发利益共享机制研究[M]. 成都:西南财经大学出版社,2010.
[185] 马怀德. 行政程序立法研究:《行政程序法》草案建议稿及理由说明书[M]. 北京:法律出版社,2005.
[186] 梅耶思(Lewis Mayers). 公平机制:法律体系和程序导论[M]. 宋雷,谢金荣,译. 上海:上海外语教育出版社,2012.
[187] 米德玛. 科斯经济学:法与经济学和新制度经济学[M]. 罗君丽,李井奎,茹玉骢,译. 上海:格致出版社;上海人民出版社,2010.
[188] 米尔伊安·R.达玛什卡. 司法和国家权力的多种面孔:比较视野中的法律程序:a comparative approach to the legal process[M]. 北京:中国政法大学出版社,2015.
[189] 米松华. 建立黑龙江省新型水资源补偿机制的研究[D]. 哈尔滨:东北林业大学,2003.
[190] 穆贤清. 农户参与灌溉管理的制度保障研究[D]. 杭州:浙江大学,2005.
[191] 农业农村部软科学课题组. 美澳日水权制度与水权交易的经验启示

[J]. 农村工作通讯,2018(7):59-62.
[192] 裴丽萍. 合同法法理与适用重述[M]. 北京:中国检察出版社,1999.
[193] 裴丽萍. 可交易水权论[J]. 法学评论,2007(4):44-54.
[194] 裴丽萍. 可交易水权研究[M]. 北京:中国社会科学出版社,2008.
[195] 裴丽萍,卢志刚. 广义民法物的立法模式分析[J]. 中国社会科学院研究生院学报,2012(6):77-81.
[196] 裴丽萍. 论水资源法律调整模式及其变迁[J]. 法学家,2007(2):100-108.
[197] 裴丽萍. 论水资源国家所有的必要性[J]. 中国法学,2003(5):105-113.
[198] 裴丽萍. 论债权让与的若干基本问题[J]. 中国法学,1995(6):72-78.
[199] 裴丽萍. 水权制度初论[J]. 中国法学,2001(2):90-101.
[200] 裴丽萍. 水资源市场配置法律制度研究[J]. 环境资源法论丛,2001(1):121.
[201] 裴丽萍,王军权. 水资源配置管理的行政许可与行政合同模式比较[J]. 郑州大学学报(哲学社会科学版),2016(3):25-29.
[202] 彭诚信,单平基. 水资源国家所有权理论之证成[J]. 清华法学,2010(6):98-115.
[203] 彭诚信,单平基. 水资源所有权基础理论解析[J]. 金陵法律评论,2011,20(1):61-81.
[204] 彭学农. 从制度经济学看哲学与经济学之互动[M]. 上海:上海大学出版社,2004.
[205] 齐默尔曼. 经济学前沿问题[M]. 申其辉,孙静,周晓,等,译. 北京:中国发展出版社,2004.
[206] 乔文军. 农业水权及其制度建设研究[D]. 咸阳:西北农林科技大学,2007.
[207] 沈满洪. 水权交易制度研究:中国的案例分析[M]. 杭州:浙江大学出版社,2006.
[208] 沈宗灵. 现代西方法理学[M]. 北京:北京大学出版社,1992.
[209] 生效友. 农业水权转让中的农民权益保护机制研究[D]. 北京:中国农业科学院,2007.

[210] 盛洪.现代制度经济学[M].北京:中国发展出版社,2009.
[211] 盛洪.治大国若烹小鲜:关于政府的制度经济学[M].上海:上海三联书店,2003.
[212] 施鹏鹏.法律改革 走向新的程序平衡?[M].北京:中国政法大学出版社,2013.
[213] 水利部水资源管理司. 水权制度建设试点经验总结(一):内蒙古自治区水权转换资料汇编[M].北京:中国水利水电出版社,2006.
[214] 思拉恩·埃格特森.经济行为与制度[M].吴经邦,等,译.北京:商务印书馆,2004.
[215] 斯琴.农业水权转换中水价形成机制研究[D].北京:中国农业科学院,2006.
[216] 苏力.法律与科技问题的法理学重构[J].中国社会科学,1999(5):57-71.
[217] 苏茂林.黄河水权转换制度构建及实践[M].郑州:黄河水利出版社,2008.
[218] 苏青,施国庆.河流水权和黄河取水权市场研究[M].郑州:黄河水利出版社,2004.
[219] 穗积重远,Roland R. Foulke.《法理学大纲》与《法律哲学 ABC》[M].李鹤鸣,施宪民,译;魏琼勘,校. 北京:中国政法大学出版社,2005.
[220] 孙万胜.司法权的法理之维[M].北京:法律出版社,2002.
[221] 孙新强.法典的理性 :美国《统一商法典》法理思想研究[M].济南:山东人民出版社,2006.
[222] 孙雪峰,李娟,郭彦青,等.承德市农业灌溉水权交易价格计算方法研究[J].海河水利,2018(1):68-70.
[223] 孙昭妍.我国地下水资源保护利用的水权法律调控[D].武汉:中国地质大学(武汉),2009.
[224] 谭庆刚.新制度经济学导论:分析框架与中国实践[M].北京:清华大学出版社,2011.
[225] 汤唯,孙季萍.法律监督论纲——法学论丛法理学系列[M].北京:北京大学出版社,2001.
[226] 唐德善,邓铭江.塔里木河流域水权管理研究[M].北京:中国水利水

电出版社,2010.
[227] 唐德善,邓铭江.塔里木河流域水权管理研究 :On the management of water rights in Tarim River basin[M].中国水利水电出版社,2010.
[228] 唐曲,姜文来.水权转让的条件分析——以农业水权向工业水权转让为例[J].中国农村水利水电,2008(9):48-51.
[229] 田东奎. 水利碑刻与中国近代水权纠纷解决[J]. 宝鸡文理学院学报(社会科学版), 2006, 26(3):45-49.
[230] 田东奎. 中国近代水权纠纷解决的启示[J]. 政法学刊, 2006, 23(3):65 69.
[231] 田东奎.中国近代水权纠纷解决机制研究[M].北京:中国政法大学出版社,2006.
[232] 田圃德.水权制度创新及效率分析[M].北京:中国水利水电出版社,2004.
[233] 童兆洪.民事执行的法理思辨[M].北京:人民法院出版社,2006.
[234] 涂永式.制度结构创新论纲:建设与完善中国市场体系的制度经济学思考[M].上海:上海三联书店,2006.
[235] 王浩,党连文,谢新民.流域初始水权分配理论与实践[M].北京:中国水利水电出版社,2009.
[236] 王浩,阮本清,沈大军.面向可持续发展的水价理论与实践[M].北京:科学出版社,2003.
[237] 王俊.全国农田水利改革"陆良模式"的思考[J].水利发展研究,2017,17(11):76-78.
[238] 王克强,刘红梅.中国农业水权流转的制约因素分析[J].农业经济问题,2009(10):7-13.
[239] 王磊.公共产品供给主体选择与变迁的制度经济学分析[M].北京:经济科学出版社,2009.
[240] 王利明,崔建远.合同法新论.总则[M].北京:中国政法大学出版社,1996.
[241] 王巧玲.水权结构与可持续发展:以黄河为例透视中国的水资源治理模式[M].上海:上海世界图书出版公司,2014.

[242] 王清军,蔡守秋.生态补偿机制的法律研究[J].南京社会科学,2006(7):73-81.
[243] 王天木.法理学精要[M].北京:人民法院出版社,2000.
[244] 王学渊,韩洪云.农业水权转移的条件及其影响因素——基于国外研究的综述[J].中国地质大学学报(社会科学版),2008,8(2):66-71.
[245] 韦恩·莫里森,莫里林,.法理学:从古希腊到后现代[M].李桂林,等,译.武汉:武汉大学出版社,2003.
[246] 魏杰.现代产权制度辨析[M].北京:首都经济贸易大学出版社,2000.
[247] 吴汉东,胡开忠.无形财产权制度研究:修订版[M].北京:法律出版社,2005.
[248] 吴秋菊.基于小农经济视角的中国农业水权制度诉求[J].中国水利,2016(8):15-18.
[249] 吴玉章.民间组织的法理思考[M].北京:社会科学文献出版社,2010.
[250] 夏勇.法理讲义:关于法律的道理与学问[M].北京:北京大学出版社,2010.
[251] 谢文轩,田贵良,崔培,等.水权使用者的社会责任论[M].郑州:黄河水利出版社,2011.
[252] 谢永刚.水权制度与经济绩效[M].北京:经济科学出版社,2004.
[253] 徐涛.中国资本市场配置效率研究:一个制度经济学的分析[M].北京:中国金融出版社,2005.
[254] 徐梓曜,王寅,刘云杰,等.农业水权市场综合框架体系及案例分析[J].水利经济,2017,35(4):38-45.
[255] 许长新.区域水权论[M].北京:中国水利水电出版社,2011.
[256] 杨静.我国农业水权存在的问题与对策[J].陕西农业科学,2015(1):101-103.
[257] 杨寅.公共服务政府与行政程序构建[M].北京:法律出版社,2006.
[258] 杨寅.中国行政程序法治化:法理学与法文化的分析[M].北京:中国政法大学出版社,2001.
[259] 姚傑宝,董增川,田凯.流域水权制度研究[M].郑州:黄河水利出版社,2008.
[260] 姚金海.水权运营导论[M].武汉:华中师范大学出版社,2011.

[261] 佚名. 河北省出台《农业水权交易办法》[J]. 海河水利,2016(2):19.
[262] 佚名. 2017 年中央 1 号文件决定加快完善国家支持农业节水政策体系[J]. 水政水资源,2017(1):5.
[263] 佚名. 深化改革 节水增效 为戈壁农业提供水资源保障[J]. 发展,2017(9):20-21.
[264] 佚名. 水权塑造与水权属性的法学分析[M]. 中国环境与发展评论(第二卷). 北京:社会科学文献出版社,2004:569-586.
[265] 易宪容. 新制度经济学的奠基人:科思评传[M]. 太原:山西经济出版社,1998.
[266] 于安. 德国行政法[M]. 北京:清华大学出版社,1999.
[267] 于群. 公司治理问题研究:一个法理学的视角[M]. 广州:广东人民出版社,2004.
[268] 余少祥. 弱者的权利 :社会弱势群体保护的法理研究: The rights of disadvantaged groups[M]. 北京:社会科学文献出版社,2008.
[269] 约翰·V. 奥尔特. 正当法律程序简史[M]. 杨明成,陈霜玲,译. 北京:商务印书馆,2006.
[270] 约翰·N. 德勒巴克,约翰·V. C. 奈. 新制度经济学前沿:从新制度经济学角度的透视[M]. 张宇燕,等,译. 北京:经济科学出版社,2003.
[271] 约翰·R·康芒斯. 集体行动的经济学[M]. 朱飞,田松青,盛龙飞,等,译. 北京:中国劳动社会保障出版社,2010.
[272] 曾赟. 法律程序主义对预防行政的控制:以人身自由保障为视角[M]. 杭州:浙江大学出版社,2011.
[273] 张成,殷会娟. 黄河流域农业节水水权交易未来发展思路探讨[J]. 人民黄河,2016,38(11):62-64.
[274] 张戈跃. 试论我国农业水权转让制度的构建[J]. 中国农业资源与区划,2015,36(3):98-102.
[275] 张会敏,黄福贵. 黄河干流灌区节水潜力及水权转换理论探索[M]. 郑州:黄河水利出版社,2009.
[276] 张惠芳. 我国可交易农业水权制度现状分析——以西北地区为例[J]. 江西农业学报,2014,26(5):113-115.
[277] 张建伟. 法律、经济学与国家治理:法律经济学的治理范式与新经济法

理学的崛起[M]. 北京：法律出版社，2008.
[278] 张维迎. 产权、政府与信誉[J]. 读书，2001(6)：99-101.
[279] 张维迎，马捷. 恶性竞争的产权基础[J]. 经济研究，1999，34(6)：11-20.
[280] 张永武. 水权、水价、水利工程管理体制改革创新与水行政执法实务全书(二卷)[M]. 北京：地震出版社，2003.
[281] 张云燕. 浅析水权交易的法律问题[J]. 安徽农业大学学报(社会科学版)，2007，16(3)：85-88.
[282] 赵海林，赵敏，郑垂勇. 我国农业水权制度改革探讨[J]. 经济问题，2004(4)：58-60.
[283] 赵肖筠. 市场经济运行中的法理问题研究[M]. 北京：中国检察出版社，2008.
[284] 甄贞，等. 程序的力量[M]. 北京：法律出版社，2002.
[285] 郑垂勇，王建成，温兆昌，等. 农业水权补偿额度测算方法及实证研究[J]. 水利经济，2008，26(6)：1-4.
[286] 郑国，陈志明，陈崇德. 建立灌区农业水权制度的思考[J]. 管理观察，2008(20)：10-11.
[287] 郑通汉. 黄河流域初始水权分配及水权交易制度研究[M]. 南京：河海大学出版社，2006.
[288] 钟玉秀，等. 北京市水权水市场建设规划研究[M]. 北京：中国水利水电出版社，2011.
[289] 周超. 农业水权交易研究与实践评析[J]. 山东行政学院学报，2017(2)：98-102.
[290] 周其仁. 产权与制度变迁：中国改革的经验研究[M]. 北京：社会科学文献出版社，2002.
[291] 朱景文. 法理学研究. 下册[M]. 北京：中国人民大学出版社，2006.
[292] 朱瓯. 两岸行政程序法制之比较研究[M]. 北京：中国人民大学出版社，2008.
[293] 朱未易. 地方法治建设的法理与实证研究[M]. 南京：东南大学出版社，2010.

[294] 朱最新. 信访制度的法理探析[M] 北京:群众出版社，2006.
[295] 最高人民法院民事诉讼.民事诉讼程序改革报告[M].北京:法律出版社,2003.

后　记

八月未央，秋风渐起，河海大学的校园依旧是“叶密千层绿，花开万点黄”。最最满足在秋色的傍晚踯躅于校园的人行道，听着脚底下的沙沙轻响，又满身心地喜欢着这自由宽广的校园。

转眼间从河海大学毕业已经12年，回忆在河海大学的7年时光中，如果称得上获得一点扎实的成果，都要归功于老师的教导、校园氛围的浸润、平日里同伴间的交谈以及师友们在具体事务上的关照。

梅贻琦校长在《大学一解》一文中谈到大学应对于学生人格“知、情、志”(知识、情感和意志)的全面培养。幸运的我遇到人生中的，两位导师：陈菁导师与徐军导师。感谢两位老师从对我的言传身教。还清晰地记得，当我考上河海大学环境与资源保护法学的研究生时，徐老师又“特意”给我找到了水利方面的专家——陈菁教授来共同培养我。那份欣喜、那份期待到现在还历历在目。知识方面不必细说——水权研究的工作虽然是在陈老师主持的研究课题下，却不完全限于课题的框架，一次次与老师的对话引发了我对该领域的兴趣与一定的涉足，一切都那么新奇。两位导师的一言一行都影响着我，我想这将是刻入灵魂深处的印记。

感谢陪伴我一起成长的陆敏、邓湘林、李菲菲，感谢我的师兄陈丹、师姐王婷婷及同门的张捷、加孜拉、姜琼、陈钟、代小平、褚琳琳……在你们身上学到了很多，我们的情谊也显得分外珍贵。

感谢中国矿业大学出版社的周丽，一方面她是我的师妹，另一方面她又是极其严谨的编辑，让我“又爱又怕”。她的认真、负责、专业让我在与她的交往中获益颇多。

感谢我的家人。

所有与之相遇的人都是应该致以谢意的人，所有的相遇都是久别重逢，就像校园里开始染黄的银杏叶子，一切都将成为人生记忆的一部分。

2017年10月

于徐州工程学院